LE
DOMINO ROSE

OU

LA MAITRESSE INVISIBLE,

ROMAN GAI,

Par Maximilien PERRIN,

Auteur de la Femme et la Maîtresse, de l'Amour et la Faim, des Mauvaises Têtes, de la Demoiselle de la Confrérie, de l'Amant de ma Femme, de Vierge et Modiste, du Garde Municipal, des Pillules du Diable, de la Servante Maîtresse, du Mari de la Comédienne, de la Fille de l'Invalide, des Soirées d'une Grisette etc.

I.

PARIS

CHARLES LACHAPELLE, ÉDITEUR,

RUE SAINT-JACQUES, 38.

1841.

77

y² 58336

Rabais Considérable
Romans à 3 fr. le Volume,
PUBLICATIONS NOUVELLES.
E.-L Guérin.

LES NUITS DE VERSAILLES, 4 v.	20 fr.
LES SOIREES DE TRIANON, 2 v.	10
MADAME DE PARABÈRE, 2 v.	6
LE ROI DES HALLES, 2 v.	6
LES DAMES DE LA COUR, 2 v.	6
LA PRINCESSE LAMBALE ET MADAME DE POLIGNAC, 2 v.	6
LE TESTAMENT D'UN GUEUX, 2 v.	6
LE SERGENT DE VILLE, 2 v.	6
LA MODISTE ET LE CARABIN, 2 v.	6
LA FEURISTE, 2 v.	6
UNE FILLE du peuple et une demoiselle du monde, 2 v.	6
UNE ACTRICE, 2 v.	6
UNE DAME DE L'OPÉRA, 2 v.	6
LE MARQUIS DE BRUNOY, 2 v.	6
LES PETITS ABBÉS et les mousquetaires, 2 v.	6
LA MAITRESSE DE MON FILS, 2 v.	6
MAGDELEINE la repentie ou la fille du capitaine, 2 v.	6
LA LOGE et le salon, roman de mœurs en société avec le baron de Bilderbeck, 2 v.	6
ISABELLE ou femme de chambre et comtesse, 2 v.	6

Le baron de Lamothe-Langon.

REINE ET SOLDAT, 2 v.	6
LE ROI ET LA GRISETTE, 2 v.	6
MONSIEUR ET MADAME, 2 v.	6
CAGLIOSTRO, roman historique, 2 v.	6
LA CLOCHE DU TRÉPASSÉ, 2 v.	6
LA NIÈCE DU CURÉ, 2 v.	6
BONAPARTE et le Doge, roman historique, 2 v.	6
MADEMOISELLE DE ROHAN, rom. histor., 2 v.	6
L'ESPION RUSSE, 2 v.	6

PUBLICATIONS NOUVELLES, format in-12.
Maximilien Perrin.

L'AMANT DE MA FEMME, 5 v.	6 50
L'AMOUR ET LA FAIM, 4 v.	5
LE MARI DE LA COMÉDIENNE, 5 v.	6 50
SOIRÉES D'UNE GRISETTE, 4 v.	5
LA FEMME ET LA MAITRESSE, 4 v.	5
LES MAUVAISES TÊTES, 4 v.	5
LA FILLE DE L'INVALIDE, 4 v.	5

E.-L. Guérin

LA MODISTE ET LE CARABIN, 4 v.	5
LA FILLE DU CAPITAINE, 4 v.	5
ROBERT-MACAIRE et son ami Bertrand, 4 v.	5
L'IMPRIMEUR ou LES MAUVAIS CONSEILS, 5 v.	6
UNE DAME DE L'OPÉRA, 4 v.	5

Imprimerie de Pommeret et Guenot, hôtel Mignon, 2.

LE
DOMINO ROSE

OU

LA MAITRESSE INVISIBLE,

ROMAN GAI,

Par Maximilien PERRIN,

Auteur de la Femme et la Maîtresse, de l'Amour et la Faim, des Mauvaises Têtes, de la Demoiselle de la Confrérie, de l'Amant de ma Femme, de Vierge et Modiste, du Garde Municipal, des Pillules du Diable, de la Servante Maîtresse, du Mari de la Comédienne, de la Fille de l'Invalide, etc.

TOME PREMIER.

PARIS.

CHARLES LACHAPELLE, ÉDITEUR,

RUE SAINT-JACQUES, 38

—

1841.

LE DOMINO ROSE.

LE DOMINO ROSE.

I.

LES PROJETS DE SAGESSE.

— Commençons par compter l'argent que nous possédons, que j'ai placé hier soir en rentrant, sous mon traversin.

— Soit, mon cher Max, comptons..... Cent, deux cents..... Total, deux cent quatre-vingts francs, ainsi voilà |donc à quoi se monte toute notre fortune?

— Tu plaisantes, sans doute, Henri; n'avons-nous pas en sus chacun une montre en or, une pipe en argent, mon porte-cigare du même métal, et toi, une épingle enrichie de brillans?

— D'accord, répond Henri, mais il serait cruel d'être forcé par la misère d'engager ou vendre ces objets.

— Aussi, est-ce pour parer à cet inconvénient et tracer un plan de conduite, d'économie domestique, qu'en cet instant nous sommes tous deux réunis à cette table, fait entendre Max.

— De l'économie! de l'économie! il est grand temps, ma foi! d'en mettre dans nos affaires, lorsque, grâce à la vie dissipée que nous menons depuis six mois, nous avons mangé la pension d'une année entière.

— Dam! est-ce de notre faute, s'il en coûte si cher pour vivre passablement à Paris; deux jeunes et jolis garçons ainsi que nous, lancés dans le monde et dépourvus d'expérience, pouvaient-ils faire autrement que de succomber aux piéges et fréquentes tentations qui se rencontrent à chaque pas dans cette capitale du monde civilisé ?

— Hélas, oui, cette vie, ainsi que nous l'avons comprise jusqu'à ce jour, est chose agréable et délicieuse; mais impossible à nous de continuer de la sorte! soupire Henri avec regret.

— Oh! tout-à-fait impossible, sous peine de mourir de faim dans trois jours, répond péniblement Max, le coude appuyé sur la table et le menton dans la main.

— Ah! ça, laissons tous regrets de côté, et voyons à aviser au moyen de faire durer le plus long-temps possible la somme qui nous reste.

— Oui, avisons, et pour cela, prends la plume et trace sous ma dictée les réformes que je vais t'indiquer, concernant notre existence à venir.

— Je suis prêt, dicte, dit Henri.

— Article premier : Vu que le mois de mai arrive dans trois jours, que la chaleur commence à se faire sentir, que le feu de cheminée devient inutile et objet de luxe, il est convenu que dès ce jour il n'en sera plus allumé dans nos chambres. Économie majeure, en ce que le bois est chose des plus coûteuses.

— Approuvé! fait Henri.

— Article deux : Vu qu'une politesse en exige toujours une autre, lorsque l'un de nous empruntera une pièce de vingt francs à un ami, au lieu, selon l'habitude, de dépenser quinze francs sur vingt à régaler ce même ami en faveur de son obligeance, il ne sera plus permis que d'en sacrifier dix chez le restaurateur.

— Approuvé!

— Article trois : Afin de continuer à mettre plus de régularité et d'économie dans nos dépenses journalières, en place de prendre nos repas partout où le plaisir semble nous appeler, il est arrêté que le traiteur, notre voisin, fournira à l'avenir notre dîner à domicile, lequel dîner n'excédera jamais la somme de cinq francs, deux francs cinquante par tête.

— Approuvé.

— Article quatre : Désormais, plus de promenade à la campagne, avant le dîner, avec nos petites voisines les enlumineuses, auxquelles il ne sera plus offert dorénavant, en fait de nourriture et rafraîchissement, que des échaudés, des croquets et de la bière, vu que les glaces, sorbets, limonades deviennent horriblement dispendieux.

— Approuvé.

— Article cinq, continue Max, jusqu'à nouvel ordre : sont supprimés les dîners offerts aux amis, les balcons aux grands théâtres, les gants jaunes, les cigares de première qualité, les parties de chevaux au bois de Boulogne, ainsi que le remise pour promener la fillette.

— Approuvé, mais non sans regret, car voilà de terribles réformes; mais, après tant d'abnégation, que ferons-nous de la vie? soupire Henri.

— Écoute encore, reprend Max. Article six : Seront permis seulement, en attendant meilleure fortune, et en manière de distraction, d'accepter les invitations à dîner en ville, le parterre aux spectacles secondaires, les gants noirs, la jouissance de la pipe d'écume de mer, la partie de chevaux de bois, dite jeu de bague, et, pour le retour de la promenade, la *Citadine* en cas de pluie, et cela dans l'intérêt et la conservation du chapeau rose, blanc ou bleu de la grisette.

— Approuvé.

— Article sept : Comme il est dit et prouvé que l'homme ne peut s'instruire sans l'étude et le travail, les parties conventionnelles de ce traité s'engagent à ne plus faire leur droit tout de travers, à ne plus négliger leurs cours et à fréquenter chaque jour l'école; cela, afin de donner grande et pleine satisfaction à leur famille réciproque, et engager, par une conduite studieuse et sage, leur cher papa et maman à augmenter une pension devenue insuffisante à leurs goûts et besoins.

— Superbe dénoûment, dit Henri, en cessant d'écrire; mais je doute fort qu'il produise l'effet que tu en attends, en ce que les chers parens, instruits de nos folies, sont en ce moment on ne peut plus mal disposés à notre égard.

— Bah! quinze jours de sagesse, un examen de passé, et leurs entrailles paternelles, maternelles, etc., s'émeuvent de nouveau en notre faveur.

— Que le ciel exauce cette favorable prédiction! fait entendre Henri; mais pour cela, il est prudent, je crois, que nos créanciers, s'armant encore de patience, ne s'avisent pas d'exécuter le projet dont ils nous menacent sans cesse, celui d'envoyer leur mémoire à nos parens.

— Ils n'oseraient, les traîtres! car alors, notre malédiction et la perte de notre pratique, deviendraient le prix d'une action aussi noire, s'écrie Max d'un ton tragique, en vidant dans les verres le reste d'une bouteille de vin de Bordeaux, dont l'un et l'autre avaient trouvé le contenu nécessaire pour leur inspirer d'heureuses et favorables idées concernant leur système de finance et d'économie domestique.

C'était dans un petit appartement composé de deux chambres, situé au cinquième étage d'une maison de la rue de Sorbonne, que se tenait cet entretien entre Max et Henri, tous deux âgés de vingt-deux ans, du même pays, de la même ville et amis d'enfance, tous deux fort jolis garçons, passablement mauvais sujets, voués au bareau, et envoyés il y avait un an à Paris afin d'y faire leur droit, que ces messieurs, d'après leur propre aveu, étudiaient tout de travers.

Les familles de nos jeunes gens habitent Tours, où toutes deux, sans être riches, jouissent d'un honnête revenu très-suffisant à une vie de province. M. Varnier, ancien receveur de contributions indirectes et père de Henri, plus d'une fille de seize ans, postule depuis long-temps un emploi dans sa province, dont le salaire, joint au revenu qu'il possède déjà, peut le mettre à même de soutenir aisément les dépenses qu'occasionnent les études et la présence de son fils dans la capitale, et cela sans nuire à la dot qu'il réserve à son second enfant, pauvre fille, pleine de vertu, de candeur, mais que la nature a peu favorisée du côté de la beauté. Cette place, convoitée par M. Varnier, est sa plus chère ambition, son idée fixe, son plus grand désir, parce que sa possession permettrait à ce bon père de répandre sur ses enfans bien aimés l'aisance, le bonheur, et que depuis un an qu'il prélève, sur le plus clair de son revenu, cinquante écus par mois pour la pension de son fils, le bonhomme se voit contraint, ainsi que sa femme et sa fille, de s'astreindre à la plus stricte économie; tandis que Henri, insouciant envers tant de sacrifices et emporté par le plaisir, la fougue de la jeunesse, dissipe à Paris, dans la joie et les bombances, l'argent que lui envoie sa famille, argent amassé aux dépens de mille privations.

Max de Maineville, l'ami de Henri, a le malheur d'appartenir à cette sotte caste se disant noble, qui se croit pétrie d'un limon autre que celui avec lequel Dieu forma le roturier, de cette caste dont le cœur ne renferme le plus souvent que vice, insolence, ambition, dont le sang et la chair, soi-disant d'une espèce supérieure, se putrifient comme celui et celle de l'homme du peuple; de cette caste qui toujours rampe mais ne marche pas en présence des rois de la terre, afin d'obtenir de ces derniers des faveurs, des jouets dorés, désignés sous le nom d'ordres, décorations, et un peu de ce pouvoir qui leur permet d'écraser, de torturer leurs semblables, de spolier l'or du peuple et d'en faire un ennemi du prince, à qui ils doivent tout et qu'ils abandonnent dans l'infortune, pour courir prêter à une nouvelle idole leur vingtième serment de fidélité.

Mais notre héros, notre Max, gaillard spirituel et de bon sens, a compris tout le ridicule dont s'entache l'homme assez insolent pour se croire, par droit de naissance, supérieur à son semblable; il a compris que rien autre n'était noble que la vertu, l'honneur et la bravoure, que les hommes en naissant étaient tous égaux, et que leurs belles actions pouvaient seules les élever au-dessus des autres et leur mériter l'estime, la considération de leurs concitoyens. Aussi, Max, bien pénétré de cette vérité et n'ayant encore rien mérité, a-t-il rayé la particule qui précéde son nom de famille, et relégué avec ses hochets et costumes de carnaval, le beau titre de marquis, que lui a légué son père lorsqu'il le perdit il y a six ans.

Max ne possède donc plus que sa mère, sa mère restée veuve avec un enfant en bas âge et cinq mille francs de rente, débris d'une immense fortune que son cher époux sacrifia au service de la branche aînée des Bourbons, en aidant les Cosaques à nous imposer S. M. Louis XVIII dit le Désiré; noble et beau désintéressement du marquis Max de Maineville, qui lui valut un coup d'œil favorable du roi, un jour que ce prince l'aperçut en se rendant à la messe, dans une des galeries du palais des Tuileleries, plus, l'offre d'une sous-lieutenance dans un des régimens de l'armée, dernière faveur que le père de Max avait refusée, comme étant en trop grande disproportion avec les services rendus par lui.

Révoltée de l'ingratitude des grands, madame de Maineville n'a rien demandé ni réclamé près d'eux pour le fils que lui a laissé son époux, et dont ils ont, comme à tant d'autres, dévoré l'héritage. Devenue l'ennemie des nobles, la pauvre veuve n'a pas voulu assujétir son fils à leur domination, en le plaçant dans l'état militaire, ainsi que son époux le lui avait recommandé en mourant, et, rejetant au loin l'épée, ce fut à la robe qu'elle donna la préférence. Il y avait un an de cela, et que Max et Henri avaient tous deux quitté le toit paternel, maternel et leur belle ville de Tours pour venir étudier le droit à Paris.

Max joint à l'avantage d'être un cavalier accompli, ceux qui développent, dans un

naturel heureux, les soins d'une bonne
éducation, les exercices du corps, tels que
la danse, l'escrime, l'équitation. La nature ne lui a point été moins favorable du
côté du moral : une conception facile, une
bravoure et une audace à toute épreuve ; cependant, quelques défauts se trouvent,
chez lui, mêlés à ses bonnes qualités, l'im-
pétuosité de son caractère, que rien ne
peut dompter, puis sa passion effrénée et
inconstante pour les femmes. D'ailleurs,
homme d'un commerce aimable, ami à
l'épreuve, et serviable dans tous les temps.
Quant à Henri, non moins instruit, mais
plus faible de complexion, ce jeune homme
possède moins d'aplomb et plus de douceur que son ami ; il chante avec goût et
joue avec assez d'art de plusieurs instrumens. Tous deux, arrivés dans la capitale,
en eurent bientôt contracté les habitudes,
les usages et les vices, grâce à la fréquen-
tation de leurs camarades d'école. Bientôt,
par nos héros, furent oubliés les bons
et sages conseils dictés par deux familles en

larmes au moment de la séparation ; bientôt, pour eux, commença [cette existence bruyante, prodigue, libertine et dissipée des jeunes étudians.

La bouteille de Bordeaux terminée, et Henri nommé caissier à l'unanimité d'une voix, c'est-à-dire par la volonté de Max, les deux jeunes gens quittent la table, et comme il n'était encore que dix heures du matin, ils convinrent ensemble de se rendre tout de suite à l'école, afin de mettre à exécution leur nouveau plan de sagesse et d'étude.

Ce qui fut dit est fait, les deux amis convertis assistent avec la plus scrupuleuse attention au cours de ce jour ; mais, par malheur, en quittant l'école, tous deux sont accostés par une douzaine de jeunes étudians, amis et connaissances, bons vivans et fort estimés de Max et d'Henri ; alors force poignées de main, grandes félicitations sur le plaisir de se revoir, puis, de la part de Max, une invitation générale à toute la bande de venir sans façon dîner avec lui et Henri dans leur modeste domicile.

— Volontiers, est le cri de la bande, qui, bras dessus, bras dessous, se dirige aussitôt vers la rue de Sorbonne, guidée par les deux amphytrions.

— Es-tu fou, y penses-tu, d'inviter d'un coup près de quinze personnes à dîner ? sont-ce là nos conventions de ce matin ? et comment tu prétends rester fidèle à nos projets d'économie ? murmurait Henri à l'oreille de Max.

— Tu as raison ; mais je ne me suis rappelé de notre pacte qu'après avoir lancé l'invitation, et, ma foi, il n'y avat plus moyen de revenir sur mes paroles.

— Sans doute, ce qui est dit est dit ; faisons donc contre fortune bon cœur, et recevons noblement ces bons amis.

— Qui, au surplus, seront les premiers à nous aider si, un jour, nous nous trouvons être dans le malheur.

— C'est égal : gare à nos deux cent cinquante francs, reprend Henri.

— Bah! quelques francs de plus ou de moins, qu'est-ce que cela fait? Va, mon cher Henri, nous n'en serons guère plus pauvres, et nous aurons fait politesse à des amis.

La bande, qui a atteint la rue de Sorbonne, se précipite avec fracas dans la maison des amis, dont elle encombre bientôt les deux chambres en riant, criant, sautant et mettant tout sens dessus dessous.

— Des pipes, du tabac!

— Des cigarres!

— De l'absynthe et des verres pour éveiller l'appétit en attendant le dîner!

— Le dîner! bravo! qui va le commander?

— C'est Max! le gaillard s'entend à merveille à l'ordonnance d'un repas, à la rédaction d'un menu!

— Après le dîner, que ferons-nous?

— Et la Chaumière... c'est aujourd'hui jeudi.

— Ça va; la chahut à mort!

— Et le cancan, donc.

— A mort la chahut et le cancan !

— A mort la Robert-Macaire !

— Hé ! Jules, où donc avais-tu ramassé, dimanche, ce paquet que tu traînais si pompeusement dans le bal, et que tu semblais entourer d'un si profond respect ?

— Chut ! respect aux femmes honnêtes... répond Jules avec flegme, en lançant une bouffée de fumée au nez de son interlocuteur.

— Quoi ! cette masse de viande, c'était de la femme ?

— Et de la plus pure, encore ; oui, de la femme, et de la sensible, première qualité.

— Oh ! oh !

— Eh ! oui, un objet enchanteur qui n'oublie jamais sa bourse lorsque tous deux nous allons en promenade, qui la met toute à mon service lorsqu'échoit la quinzaine de mon garni, ou l'emploi de ma dernière carte d'abonnement chez mon empoisonneur à 25 sous par tête.

— Hum ! précieux, le paquet.

— Précieuse, la caisse ambulante.

— A propos, qu'as-tu fait de ta marchande de tabac, Hypolite ? lorsque tu vas acheter chez elle, te rend-elle toujours la monnaie avec la pièce ?

— Plus mèche ; son loup-garrou de mari y a mis bon ordre.

— C'est dommage.

— C'est ce qui m'arrivera un jour avec mon épicière.

— Ah ! que les maris sont hébêtans.

— Enfonçons les maris.

— Soit, enfonçons les maris.

— Dis-donc, farceur, fais donc attention à ne pas essuyer la boue de tes bottes après les draps de mon lit, s'écrie de loin Henri à l'un des six étudians étendu sur la couchette.

— De quoi ! de quoi ! ta blanchisseuse serait-elle tombée dans l'eau ?

— Non ; mais elle ne blanchit que le fin, et celle de gros nous refuse crédit, répond Henry en riant.

Madame monte à sa tour,
    Papillon qui vole.
Plus haut qu'elle peut monter,
    Papillon volez.

entonne d'une voix forte un des jeunes gens, et les autres de reprendre tous ensemble :

    Ce sont les étudians
    Qui vont à la barrière,
    Pour danser le cancan
    Et la Robert-Macaire.

— Holà! hé! ne hurlez pas si fort, les autres, aidez-nous à dresser une table, car le restaurateur me suit, fait entendre Max en entrant.

— Allons, ho! où est la table?

— Où est la table; dépêchons, *ma petite estomac a besoin de mangir.*

Et toute la troupe court de chambre en chambre, furete dans tous les coins, et ne découvre pas de table.

— Pas de table! exclame chaque bouche.

— Du moins, pas une qui puisse contenir dix-sept convives.

— Un dîner à la turque, sur le carreau, propose Max.

— Va pour la turque. Et nos jeunes fous courent aux lits, en enlèvent les matelats et oreillers, les étendent à terre, en ayant soin de réserver un cercle au milieu de la chambre, lequel cercle est aussitôt couvert d'une nappe blanche.

— Superbe! arrive le dîner lorsqu'il plaira au fricoteur, voilà de quoi le festoyer à l'aise.

— Quel luxe! s'écrient ensemble tous les invités, en voyant trois garçons traiteurs apporter une foule de plats, accompagnés du marchand de vin, un panier suspendu à chaque bras.

— Très-bien, mon gaillard; mais, à ce qu'il me paraît, en commandant tout ce superflu, tu ne songeais guères à l'embarras de nos finances, glisse Henri à l'oreille de Max.

— Bath! que veux-tu? il s'agit de bien

traiter les amis; ensuite, les choses faites à demi ne portent ni honneur ni profit, répond le jeune homme.

Les fournisseurs se retirent, et au signal donné, les convives mettent de côté pipe ou cigarre, se jettent sur les matelas transformés en divans, puis le repas commence. La folie et la joie ont pris place au couvert. Au cliquetis des verres et des fourchettes se mêlent mille éclats de rire, mille propos joyeux, spirituels et libertins. Le dessert, rien n'y manque; fruits, pâtisseries, sucreries, puis le café, le champagne, la liqueur, le punch, ensuite les couplets gaillards, les chorus.

— Et la Chaumière! fait entendre une voix.

— Non, dansons ici, nous serons plus libres, répond un étudiant en ouvrant un piano appartenant à Henri, placé dans un coin de la chambre.

— Oui, dansons ici, en fumant, en buvant. Et les matelas d'être aussitôt empilés sur un seul lit, le couvert d'être enlevé, et

Henri d'exécuter une valse sur l'instrument.

— Un bal sans femme, merci! rien de plus maussade.

— Allons débaucher les nôtres.

— Va comme il est dit; et une partie de la bande s'éloigne, puis revient une heure après, accompagnée d'une douzaine de brocheuses, d'enlumineuses, jolies, laides, bien ou mal vêtues, n'importe! ce sont des femmes jeunes, gaies, et d'une vertu des moins rigides.

La nuit arrive; alors vingt chandelles sont aussitôt placés dans autant de bouteilles, puis allumées et dispersées dans les deux chambres. L'illumination est superbe; un renfort de pâtisserie a été commandé et apporté pour les dames; le bal commence, Henri assomme son piano, afin de produire plus de bruit et d'effet; un étudiant qui, en allant à la recherche des grisettes, a été prendre sa clarinette dans sa mansarde, s'époumonne à souffler dedans à tout haleine; Max joint à ce bruit celui d'un cor de chasse qu'il vient d'aller emprunter au fruitier d'en face. Le bruit enragé de l'orchestre, une joie des plus bruyantes, des éclats de rire continuels, les bondissemens des danseurs, tout cela réuni fait un tapage des plus épouvantables, qui est cause que les voisins vont porter plainte au propriétaire ; que le propriétaire, qui monte pour rétablir l'ordre, est mis à la porte, et menace d'aller porter sa plainte au commissaire de police du quartier; plus, ce bruit, qui fait arrêter chaque passant, fait que la rue est bientôt obstruée par la foule, que les voitures ont le passage intercepté, que leur file s'allonge et s'augmente dans les rues adjaçantes, que la population crie, que les cochers, charretiers, conducteurs, jurent à faire tomber la foudre, que les sergens de ville accourent, puis le poste de la place Saint-Michel; que ces premiers, après trois sommations adressées à la foule, afin de l'inviter à se disperser, ordonnent d'employer la force; qu'alors on se bouscule, que les enfans sont renversés, que les hommes se permettent des licences, que les femmes crient, que les boutiques se ferment, et qu'un mouchard, témoin de tout ce désordre, s'empresse d'aller prévenir M. le préfet de police que les républicains du quartier latin se mettent en émeute; puis le préfet prévient le ministre, puis le ministre de prévenir le commandant de la place, ce dernier envoyait l'ordre à un régiment de prendre les armes et de marcher vers l'émeute, en ayant soin de s'adjoindre deux pièces de canon avec leurs artilleurs. Peines inutiles! vaine terreur! car à l'arrivée de ces forces redoutables sur le champ de l'émeute, les rues étaient désertes et silencieuses, et au lieu de cris séditieux, une musique tant soit peu discordante qui se faisait entendre au cinquième étage d'une maison de la rue de Sorbonne venait seule tinter aux oreilles des chefs et soldats, tous fort mécontens de la mystification et de cette inutile corvée.

Une heure, puis deux; il faut se séparer;

car chacun sent un extrême besoin de repos, sans oublier celui qu'ont les voisins d'en goûter aussi, chacun s'empare donc de sa chacune, et Max et Henri, un flambeau à la main, s'empressent d'éclairer, de reconduire jusqu'à la porte de la rue leur joyeuse compagnie, puis ils remontent ensuite chez eux réparer un peu le désordre, retaper leurs lits, sur lesquels ils s'étendirent, et où Morphée vint bientôt répandre sur eux ses pavots, en les plongeant dans un profond et bienfaisant sommeil.

II.

LA PROMENADE, L'APPARTEMENT A LOUER.

Le jour venu, et comme sept heures du matin sonnaient à la Sorbonne, plusieurs coups frappés sur la porte arrachèrent Max et Henri au sommeil.

— Qui va là? s'écrie l'un d'eux.
— C'est ici que demeure MM. Henri et

Max ? demande une voix nazillarde à travers la porte.

— Comme vous dites. Qui êtes-vous ? que voulez-vous?

— L'honneur de vous remettre un papier.

— De quelle part ?

— De celle de monsieur Jérôme Lagrue, propriétaire de cette maison.

— Un congé, n'est-ce pas ?

— J'ignore, messieurs ; en ma qualité de clerc d'huissier, j'ai la louable retenue de ne jamais lire les papiers qu'on me charge de remettre à domicile.

— Ah ! vous êtes clerc d'huissier ?

— Pour vous servir, messieurs ; mais veuillez m'ouvrir et recevoir ce qui vous est adressé.

— Combien vous vaut une charge de l'importance de la vôtre, monsieur le clerc d'huissier?

— Hélas ! peu de chose.

— Mais encore...

— Vingt francs par mois, un quarteron de pain tous les matins, accompagné d'une carafe d'eau filtrée, vrai cristal, fort engageant pour se désaltérer.

— Superbe! Ah çà, votre patron est célibataire, je crois?

— Il est époux et père; mais, messieurs, j'attends et suis fort pressé, veuillez ouvrir.

— Comment se porte madame son épouse? est-elle jolie ou laide?

— Sa santé est des meilleures, son visage est des plus agréables; dépêchez-vous, messieurs, je vous en prie.

Et sur cette invitation, Max, qui couchait dans la première pièce et l'auteur de toutes ces questions, s'étend encore plus sur sa couchette.

Pan! pan!

— Qui est là?

— Mais c'est encore moi, monsieur.

— Qui, vous?...

— Criquet Padou, clerc d'huissier, qui ne cesse d'attendre, afin de vous remettre un papier envoyé à vous d'après l'ordre du sieur Jérôme Lagrue, propriétaire de la maison que vous habitez.

— C'est différent ; alors, passez ledit papier sous la porte, et n'oubliez pas, mon cher, qu'il est fort indécent de venir à pareille heure troubler le repos des gens lorsque la veille ils ont donné festin et bal.

— Diable ! il fallait donc le dire tout de suite, messieurs, et ne pas me laisser croquer le marmot une heure de temps à votre porte, murmure le clerc avec humeur, en glissant le papier sous la porte.

— Mes hommages et civilités à l'épouse de votre patron, s'il vous plaît, crie Max au clerc d'huissier ; puis, se jetant hors du lit, il court ramasser un congé en bonne forme, accompagné d'une sommation de payer dans les vingt-quatre heures les trois termes échus, le tout adressé à lui et Henri, par M. Lagrue.

— Quelle horreur ! s'écrie Max après avoir lu.

— Qu'y a-t-il de nouveau ? demande

Henri de sa chambre. Et Max de lui faire prendre connaissance du fatal papier.

— Que faire? Il ne nous reste plus que 100 francs, grâce à ta générosité d'hier soir, dit Henri.

— Que faire? Parbleu, nous en aller au terme.

— Fort bien; mais d'ici là, si nous ne payons, cet homme nous fera saisir et vendre nos meubles.

— Impossible, nous ne possédons que le strict nécessaire : chacun notre lit, une table pour deux, et trois chaises, dont une boiteuse. Quant à ton piano, véritable chaudron, à peine trouverait-on un être assez courageux pour se le faire adjuger en la place du Châtelet. Tu penses bien alors que notre très cher propriétaire se gardera fort de se jeter dans des frais de justice qui retomberaient à sa charge, et que ces paperasses timbrées ne nous sont envoyées que pour nous effrayer, si toutefois cela était possible.

— Le vieux coquin! oser demander de

l'argent à deux infortunés jeunes gens.

— Qui sont dans le malheur, qui ne possèdent rien.

— Absolument rien, hors un ami sincère qu'ils trouvent l'un dans l'autre.

— Et quelques rares vertus.

— Et chacun un physique des plus agréables.

— Et de l'esprit, de la résignation dans l'infortune.

— Ainsi donc, nous ne paierons pas le propriétaire?

— Si, mais plus tard, un jour de fortune. Oh! il ne perdra rien avec nous.

— Absolument rien; car nous sommes incapables de faire tort à notre prochain.

— Je préfèrerais plutôt payer deux fois. Dis donc, Max, reste-t-il quelques débris du dîner? je sens l'appétit qui me talonne déjà.

— Rien, si ce n'est la croûte du fromage.

— Les gourmands! alors faisons venir du restaurant...

— Prodigue! fait Max.

— Tu as raison, cela revient trop cher ; du lait et du pain, cela doit suffire à des misérables de notre espèce.

— Hélas! oui ; mais c'est trop champêtre et peu confortable. Tiens, franchement, je préfère un tout petit beefteck.

— Du tout! tu n'as pas le moindre grain de raison dans ta cervelle; malheureux, oublies-tu donc que nous ne possédons que 100 francs 55 centimes environ pour exister à deux l'espace de six mois qui reste à s'écouler d'ici à ce que nos chers parens nous fassent passer des fonds?

— Tu en diras ce qui te plaira ; mais, par économie, je ne suis nullement d'avis de me laisser mourir de faim, de détériorer par l'abstinence un physique aussi avantageux que le mien.

— Alors, va pour le beefteck.

— Va pour le beefteck ; mais hâtons-nous de le festoyer, car voici bientôt l'heure de nous rendre à l'école, dit Max.

— Tu as raison, soyons fidèle à **notre**

nouveau plan de conduite : le déjeûner, puis après l'étude.

— Cependant, à parler avec franchise, jamais je ne me suis senti moins disposé au travail qu'aujourd'hui.

— Moi de même, répond Henri en baillant, je me sens tout engourdi et enclin à la paresse.

— Dam ! pourquoi nous faire violence ; se remettre un jour plus tôt ou plus tard au travail ne nous portera nul préjudice ; flânons le reste de cette journée, qu'en dis-tu, Henri ?

— Moi, volontiers, flânons ; mais demain, exact à notre promesse ; plus de plaisirs, et tout notre temps à l'étude.

— Oh ! cela, j'en fais ici le serment, répond Max ; mais, ajoute-t-il, il me semble que nous ferions sagement, afin de tuer le temps, d'aller déjeûner à la campagne.

— Soit ; mais économiquement, et pédestrement ; simplement l'omnibus jusqu'à la barrière, propose Henri.

— Est-ce que, comme à moi, cet éternel mot économie, ne t'écorche pas les oreilles?

— Ne m'en parle pas, il me glace d'ennui et de misère.

— Je crois bien; il est si peu en harmonie avec nos goûts, notre caractère franc et généreux. Décidément, mon cher, l'économie est une vertu qui ne nous sied nullement.

— Tâchons donc alors de nous mettre à même de s'en passer, en trouvant moyen de nous procurer quelques fonds.

— Oui, cherchons un expédient, propose Max.

— Hum! nous les avons tous usé jusqu'à la corde, dit Henri.

— Le mérite n'en sera que plus grand si nous parvenons à en découvrir un, et qu'il réussisse. Voyons, cherchons.

— Volontiers ; mais en marchant et nous dirigeant vers le but où tu te proposes de me conduire déjeûner.

— En route alors pour Saint-Cloud, dit Max.

— Va donc pour Saint-Cloud.

Et tous deux ayant fait toilette, s'éloignent de leur domicile. Une voiture les conduit à Auteuil; ils traversent pédestrement le bois de Boulogne, puis le village de ce nom, et atteignent Saint-Cloud où un restaurateur de la place reçoit l'ordre de leur servir à déjeûner.

— Quel vin désirent ces messieurs?

— De la côte Saint-Jacques, s'il est bon.

— Parfait, messieurs.

— Servez donc vite, alors.

— Ta soi-disant jambe cassée nous a valu de ta mère près de 500 francs, disait Henri au dessert.

— C'est juste; si j'écrivais que je viens de me casser la seconde, cela ferait mille francs d'arrachés à la tendresse maternelle.

— Fi donc! moyen invraisemblable, cruel, barbare, dont la vive douleur qu'éprouva ta pauvre mère à cette funeste nouvelle, nous fit repentir tous deux de l'avoir employé.

— Tu as raison, ce stratagème est affreux; cherchons un autre moyen.

— Plus de possibilité d'exploiter les maladies, reprend Henri.

— Je ne pense pas, d'autant plus que tu en as déjà éprouvé quatre, dont trois presque mortelles.

— Et toi une fluxion de poitrine et deux fièvres cérébrales.

— Le tout nous ayant procuré un total de neuf cents francs.

— Diable! que faire et que dire, donc?

— Oh! nous avons beau nous creuser la tête, rien de bon n'en sortira, je te le jure.

— Pourquoi donc?

— Parce que les bonnes idées ont déserté notre cerveau pour aller se nicher au fond d'une fiole de Champagne.

— Où tu désires les aller chercher?

— Comme tu dis, car sans ce vin délicieux autant que bienfaisant, point d'esprit ni d'imagination.

— Appelons-la donc à notre secours.

— Holà! garçon du Champagne!

Le bouchon saute, la mousse pétille, les verres se vident.

— Une idée, Henri, une idée superbe! s'écrie Max.

— Honneur donc au champagne! Parle, explique-toi.

—Un guet-à-pens nocturne, un assassinat dont toi et moi aurons été la victime.

— Fi donc! fait Henri.

— Alors, un simple vol, la nuit, dans quelque rue déserte; des brigands qui nous auront devalisés, pris nos portefeuilles avec les valeurs qu'ils renfermaient.

— Encore mauvais, usé même car, une fois déjà, et en notre absence, des voleurs ont dévalisé notre appartement.

— En effet, idée superbe qui venait de toi, malheur supposé qui décida ton père à t'envoyer trois cents francs.

— Et ta mère quatre cents. Hélas! qu'avons-nous fait de tant de richesses?...

— Que veux-tu, le plaisir est hors de prix.

— C'est vrai, et cependant il en faut.

— Afin de mieux apprécier le travail, ajoute Max; puis réfléchissant un instant, et faisant ensuite un bond sur sa chaise : je tiens notre affaire, s'écrie-t-il; un moyen magnifique, naturel, infaillible.

— Parle, parle vite, dit Henri avec empressement.

— Garçon, une seconde bouteille de Champagne.

— Mais explique-moi donc?

— Un incendie, mon cher, tous nos meubles, nos effets devenus la proie des flammes; nous-mêmes échappés comme par miracle à un embrâsement effroyable; notre maison écroulée, enfin, deux infortunés jeunes gens sans asyle ni ressource, pressés par le froid, le besoin, et qui implorent à genoux la pitié des auteurs de leurs jours.

— Oui, pas mal, répond Henri.

— Tu approuves, écrivons tout de suite, car, sous l'influence de ce vin inspirateur, notre style ne peut être qu'entraînant et subjuguant.

— Hâtons-nous : je vais écrire, tu vas dicter, Max. Garçon, apportez...

— La carte payante, la voici, messieurs, dit le garçon en plaçant le papier sur la table.

— Mon cher, vous êtes un maladroit d'apporter ce qu'on ne vous a pas encore demandé.

— Dam! messieurs, je croyais...

— Vous croyez mal, jeune célibataire, car c'est une plume, de l'encre, du papier, enfin, ce qu'il faut pour écrire, que nous désirons au plus vite.

— Dans l'instant, messieurs, et le garçon s'éloigne.

— Trente-trois francs notre déjeûner, c'est un peu cher, murmure Henri, dont les yeux viennent de fixer le total de la carte.

— Mais non, pas trop; le déjeûner était parfait, et les vins excellens.

— Voilà ce que vous avez demandé, messieurs.

— C'est bien, jeune homme, allez-vous-en. Ecris, Henri... Y es-tu?

— Je t'attends.

— Très-bien!

« A la meilleure et la plus sensible des mères... »

— Perds-tu la tête de me faire écrire à ta mère?

— Ah! c'est juste, je me charge de ce soin.

« Au meilleur, au plus sensible des pères. »

— Continue, dit Henri.

« Le destin ne se lassera-t-il jamais de persécuter deux jeunes infortunés... » Souligne infortunés. « Et aurais-je jamais la force et le courage, oh! mon bon père. » Souligne aussi bon père, « de vous retracer l'affreux événement dont votre malheureux fils et son vertueux ami viennent d'être les déplorables victimes. » Souligne vertueux ami.

— C'est fait, dit Henri.

« Hélas ! qu'il s'arme donc de courage, car tout lui impose cette affreuse nécessité ; sachez donc, oh ! mes bons et généreux parens, que Henri et moi venons d'être ruinés par un incendie épouvantable ; incendie qui, la nuit dernière, a réduit notre demeure en cendres. Ce n'est qu'à la Providence que nous devons rendre grâce d'avoir échappés sains et saufs au feu dévastateur prêt à nous dévorer dans le plus profond sommeil ; car, éveillés par des cris d'alarme, apercevant la flamme tournoyer autour de nous, il nous a fallu fuir à la hâte et sans vêtement aucun, à travers un épouvantable brasier. Maintenant, pitié et prompt secours, mon bon père, oui, secours pour deux infortunés qui ne possèdent plus rien que la rue pour asyle et le ciel pour couverture. Secours ! car bientôt le froid et la misère vont se disputer notre faible existence ! Hâtez-vous, car, pour nous ; point d'autres amis que vous, qui, dans cet affreux moment, soient capables de nous tendre une main charitable. C'est à peine revenus de notre frayeur et de notre fatigue, et réfugiés dans l'ignoble mansarde d'un hôtel garni de la rue de la Harpe, 63, que nous traçons ces lignes, afin d'implorer de votre tendresse paternelle la somme nécessaire pour nous sortir de l'embarras où vient de nous plonger cet affreux événement; malheur qui, avec le plus profond regret, me contraint, bien malgré moi, à avoir recours de nouveau à la tendresse inépuisable du meilleur des pères. »

— As-tu bientôt fini ?

— Dans un instant, répond Max à la demande impatiente de Henri.

« C'est aussi vers mon excellente mère que je tends des mains suppliantes, elle qui, dans mon enfance, me réchauffait sur son sein, dans ses bras maternels, j'en suis certain, elle aura en ce jour pitié du pauvre enfant qui, manquant de tout pour couvrir son corps et pourvoir à ses besoins, réclame ses bienfaits. Et toi, ma sœur chérie, compagne de mon enfance, douce et vertueuse Fanny, joins ta voix suppliante à celle d'un frère qui t'aime et qui souffre, presse nos bons parens, fais en sorte qu'ils m'envoient, le plus tôt possible et sans retard, un argent indispensable dans la position où se trouve en ce moment ton trop infortuné Henri, etc., etc...» Ajoute quelques complimens, ferme ensuite cette supplique, et vite à la poste... Attends, attends! quelques légères gouttes de Champagne en guise de larmes, cela produira le plus sensible effet, reprend Max en s'emparant de la lettre qu'il asperge légèrement, et dans laquelle, par mégarde, et en la ployant il enferme la carte du dîner.

— Voilà qui est terminé, et dont j'augure très favorablement, dit Henri; puis, frappant sur son verre: Garçon, envoyez jeter cette lettre à la poste, et cela tout de suite.

Puis le garçon d'obéir.

— Garçon, vous avez remporté la carte?

— Non, messieurs, répond ce dernier en furetant sous la table.

— N'importe! le vent sans doute qui l'aura emporté. Tenez, garçon, payez vous;

c'est trente-trois francs, en voilà trente-cinq, le reste est pour vous.

— Merci, messieurs.

Et nos deux jeunes gens quittent le restaurant, puis dirigent leurs pas vers le parc de Saint-Cloud, Ville-d'Avray, en s'entretenant de l'effet que produira leur lettre sur le sensible cœur de leur famille, et Henri en engageant Max d'écrire à son tour une douloureuse épitre à sa mère, aussitôt de retour au domicile.

— Que ce village de Ville-d'Avray est agréable! les charmantes maisons, le délicieux séjour et les beaux sites que les yeux aperçoivent de tous côtés.

— Que ne sommes-nous favorisés de la fortune, mon cher Henri, combien alors j'aimerais à habiter avec toi un de ces jolis châteaux que nous admirons avec tant d'envie et de plaisir.

— Espérons qu'un jour ce rêve s'accomplira.

— Je l'espère bien! n'avons-nous pas ce qu'il faut pour faire fortune : esprit, physique, adresse, tout enfin pour séduire et captiver quelque riche héritière?

— La fortune par les femmes, c'est ce que j'envie, c'est le plus court chemin.

— Et le moins fatigant.

— Oui; mais d'ici là point d'amour sérieux où la fortune n'accompagnera pas le don de la main et du cœur.

— Point d'argent, point d'amour de notre part.

— Fortune et beauté, telle est ma devise.

— Moi de même; et de plus j'ajoute amitié toujours et pour la vie.

— Entre nous, n'est-ce pas?

— Entre Max et Henri.

— Entre eux, tout est commun, richesse ou misère, bonheur ou malheur.

— Enfin, vivre ou mourir ensemble.

Et les deux amis tombent dans les bras l'un de l'autre, s'embrassent avec cordialité. Près de quitter le village pour entrer dans le bois, une charmante maison précédée d'une grille et d'un parterre de fleurs se présente aux regards de nos jeunes gens.

— Vois l'agréable solitude, dit Henri.

— Asile mystérieux de quelque danseuse de l'Opéra, gage d'amour donné par un banquier ou un agent de change à cette déesse de Therpsicore.

— C'est possible; au surplus, il nous est facile de s'en convaincre; pour le peu que cela te plaise, en pénétrant dans cette maison sous le prétexte de visiter l'appartement que cet écriteau suspendu à la grille annonce être à louer.

— Soit ; cela nous fera passer le temps, répond Max, qui tout en disant agitait déjà la cloche.

— L'appartement à louer, s'informe Henri à une vieille femme, accourue au tintement.

— Entrez, messieurs, j'allons prévenir not' dame.

Et les jeunes gens d'entrer dans le jardin, ou, en l'absence de la jardinière, ils en admirent la beauté et la belle tenue. Tous deux s'extasiaient devant une belle corbeille de camélias, lorsqu'ils aperçurent dans une allée, et s'avançant vers eux, une vieille dame à l'air respectable, à la démarche lente, à la mise distinguée.

— Ces messieurs désirent voir l'appartement meublé? dit cette dernière aux amis qui lui adressent un salut respectueux.

— S'il vous plaît, madame, de nous le faire voir.

— Volontiers; veuillez me suivre, messieurs.

— Tu m'avoueras, Max, que rien ne ressemble moins à une divinité de l'Opéra que cette respectable antiquité, murmure tout bas Henri, marchant à côté de son ami.

— D'accord; mais ce vieux siècle doit recevoir, j'en suis persuadé, quelque fille charmante.

— Qu'elle ferait beaucoup mieux de nous montrer que ses chambres garnies.

— Oui, en ce qu'elle serait assurée alors de trouver en nous deux véritables amateurs.

— Cet appartement n'est donc pas situé dans ce corps de bâtiment? demande Henri en voyant la dame tourner la maison.

— Non, messieurs; mais bien dans ce petit pavillon que vous apercevez d'ici dans cette avenue. Veuillez observer que sa situation est fort avantageuse, en ce que les personnes qui l'habiteront seront libres chez elles, ayant logement, jardin et sortie à part.

— Ah! ce jardin n'est pas commun? demande Max.

— Non; mais un autre attenant au pavillon, répond la dame.

— Madame est la propriétaire de cette charmante demeure?

— Oui, monsieur.

— Je vous en félicite...

— Max, Max! regarde donc le joli minois qui nous observe de cette fenêtre, à travers ce rideau de gaze, dit tout bas Henri, interrompant la conversation du jeune homme avec la maîtresse du lieu.

— Hum! drôlement jolie, cette créature là. Hein! quand je te disais qu'il devait exister ici un friand morceau.

— Donnez-vous la peine d'entrer, messieurs, fait entendre la dame, en indiquant la porte d'un élégant pavillon.

Trois charmantes pièces au rez-de-chaussée, décorées, meublées avec goût; deux autres au premier, non moins agréables, une vue superbe, un petit jardin, au fond duquel est une porte donnant sur la rue, non loin de la grille de la propriété, et devant servir d'entrée et de sortie aux locataires du pavillon qui, par ce moyen, se trouvent n'avoir aucune communication avec le principal corps de bâtiment.

— Combien ce pavillon, madame? demande Henri.

— Cinq cents francs pour l'année.

— C'est pour rien, fait entendre Max. Qu'en dis-tu, Henri?

— Que je suis de ton avis; mais je crains que la vie ne soit ici un peu solitaire.

— Tant mieux! vive la vie paisible; heureux, en s'éloignant du bruit de la ville, de trouver aux champs le silence et le repos. Au surplus, la société de l'aimable propriétaire de ce séjour doit faire passer ici son temps d'une manière des plus agréables, dit Max d'un ton gracieux.

— Vous êtes infiniment trop poli, monsieur, et, quoique vous en dites, je doute que la société d'une femme de mon âge soit capable de vous offrir tout l'agrément que vous voulez bien faire entendre.

— Pardonnez-moi, madame; ensuite, mon ami et moi osons espérer qu'en devenant ses locataires, monsieur votre époux ne refusera pas de nous consacrer quelques instans.

— Je suis veuve, messieurs.

— Veuve, madame! et sans enfant, peut-être?

— Hélas! je n'en possède plus qu'un; la fille de ma fille, fait entendre la vieille dame en soupirant.

— Un enfant en bas âge, sans doute? demande Henri.

— Non, messieurs; celle que le ciel m'a laissé pour consolatrice après la perte de sa mère, est âgée de seize ans.

— Pauvre veuve! intéressante jeune fille! exclame hypocritement Max.

— Max, mon ami, ce pavillon nous convient parfaitement.

— Je le pense comme toi, dit Henri.

— Madame aura-t-elle la bonté de nous accorder jusqu'à demain, le temps enfin de nous consulter.

— Volontiers, messieurs; jusqu'à demain soir je vous promets de n'engager ma parole à personne.

— Madame n'aurait pas dans le corps de bâtiment occupé par elle un appartement moins grand à nous céder? dit Henri.

— Non, messieurs, ma fille et moi, ainsi que mon domestique, occupons la maison entière.

— Crois-moi, mon cher Henri, tenons-nous à ce pavillon, que je trouve des plus confortables, et dans lequel il nous sera facile de recevoir nos familles à l'aise, lorsqu'elles seront tentées de nous faire visite.

— Comme il te plaira.

— Ces messieurs sont garçons?

— Oui, madame, et tous deux avocats.

— Un noble et bel état! reprend la vieille dame. Puis, ajoutant : Vous habitez Paris?

— Comme vous le dites, madame; rue de Provence, chaussée d'Antin.

— Max, ne trouves-tu pas que nous serons à ravir en ce salon, lorsqu'il nous plaira d'y faire de la musique?

— Très-bien.

— Vous êtes musicien, messieurs?

— Un peu, madame. Votre jeune demoiselle possède sans doute cet art? demande Henri.

— Le piano, messieurs; qui n'en touche pas, maintenant?

— Mon cher, interrompt Max, n'abusons pas davantage de la complaisance de madame, puisque demain nous devons l'importuner de nouveau, afin de conclure avec elle.

Cela dit, on quitte le salon, on regagne le jardin, et cela, sans que la dame témoigne le moindre désir de retenir nos jeunes gens un seul instant de plus, les engageant seulement à visiter les environs, le bois, l'étang de Ville-d'Avray, afin, dit-elle, d'apprécier les agrémens du site enchanteur.

— Que votre jardin est charmant, madame.

— Désirez-vous le parcourir quelques instans?

— Très volontiers, madame, s'il n'y a point indiscrétion de notre part à abuser de votre temps.

Plusieurs tours dans les allées, puis ramenés vers le parterre de fleurs situé entre la maison et la grille, Max et Henri demeurent frappés d'admiration à la vue d'une jeune fille, belle comme la reine des amours, et qui, occupée à soigner des fleurs, vient de tourner vers eux son visage enchanteur, de les saluer en rougissant.

— C'est là votre gracieuse demoiselle, madame? demande Henri d'une voix presque émue.

— C'est elle, c'est mon enfant chéri, répond la vieille en s'avançant vers la jeune fille, suivie des deux amis.

— Toujours à tes fleurs? mon enfant, surtout prends garde aux perfides épines qui déchirèrent hier tes doigts délicats.

La jolie fille garde un modeste silence, rougit encore plus à l'approche des jeunes gens, aux regards d'admiration qu'ils fixent sur elle. Quoi! pas un mot de leur part à cette perle de beauté? Non, impossible à eux, car l'admiration les rend muets, captive tout leur être, et ce n'est qu'après avoir reçu le salut d'adieu de ces dames, et la grille fermée sur eux, qu'ils redeviennent maîtres de leurs idées, et que mille expression aussi galantes que polies se présentent en foule à leur pensée.

— Eh bien! qu'en dis-tu?

— Admirable! plus adorable que tout ce qui s'est jamais présenté à mes regards enchantés, répond Henri avec enthousiasme à la demande que lui adresse son ami.

— Oui, reprend Max, avouons qu'une

femme pareille et cinquante mille francs de rente rendraient la vie heureuse.

— Elle seule, mon ami, sa précieuse possession suffirait pour faire jouir mon cœur d'un bonheur parfait.

— Oh! oh! voilà du beau désintéressement de ta part, mais qui ne m'empêche pas de penser qu'en lorgnant la jeune fille, tu as aussi flairé quelques sacs d'écus dans la caisse de la chère maman.

— Ah! que dis-tu là, Max, est-il possible de songer à l'intérêt en admirant tant de charmes, en convoitant leur possession?

— Mais, oui, l'un ne me ferait jamais oublier l'autre.

— Es-tu donc intéressé à ce point?

— Intéressé, non; mais prudent et sage, je n'aime l'argent qu'en faveur des jouissances qu'il procure.

— Hélas! ne reverrons-nous plus cette fille charmante? soupire Henri.

— Pourquoi pas; pour mon compte je serais désolé du contraire.

— L'aimerais-tu, Max?

— Ma foi, elle me convient assez, et si une dot grasse et dodue accompagnait la main de cette petite merveille...

— Tu l'épouserais?

— Si l'on consentait à me la donner pour femme.

— Et sans dot?

— J'en ferais alors une fort jolie maîtresse si je pouvais.

— Ah! ce que tu dis là est indigne, faire sa maîtresse d'une femme aussi parfaite, croire qu'elle consentirait jamais à servir tes plaisirs!

— Peste! quel feu.

— C'est que moi, vois-tu, Max, trouvant en elle autant de vertu que de charmes, je serai trop heureux d'en faire la compagne de ma vie, dût-elle ne m'apporter que la pauvreté en partage.

— Ha ça, l'ami, nous divaguons en ce moment à ce qu'il y paraît; quoi, sont-ce là les projets et sermens renouvelés entre nous il y a peu d'heures : il fut dit et convenu, que les femmes payeraient notre possession du don de leur fortune, tu avoueras alors que c'est aller trop brusquement à travers les conventions, de s'enticher du premier joli minois qui se présente à nous et désirer en faire sa femme, quand même.

— Oui, tu as raison, je suis un fou, répond Henri tristement, au surplus, oublions cette jeune fille que nous ne reverrons jamais, ajoute-t-il.

— Ne plus la revoir, pourquoi donc? je prétends au contraire établir une liaison intime entre ces deux dames et nous.

— Par quel moyen? demande Henri.

— En devenant leur locataire.

— Ah! et comment payer ladite location de cinq cents francs, lorsque nous possédons à peine de quoi exister!

— En ce moment, j'avoue que la chose sera difficile, mais cela ne doit nullement nous arrêter, ayant une année entière devant nous pour trouver les fonds nécessaires à l'acquittement de ce loyer.

— Max, gardons-nous d'une telle folie, que nous servirait cet appartement, à nous éloigner de Paris, de l'école, à nous faire perdre du temps.

— Du tout, mais bien à rétablir notre petite santé en venant tous deux y coucher chaque soir, puis y passer deux jours entiers par semaine, le dimanche et le jeudi.

— De plus, à te mettre à même de courtiser, de tromper la pauvre jeune fille.

— Et l'épouser toi ou moi, si la dot de l'enfant en vaut la peine, chose à peu près sûre, à en juger par l'élégance et la valeur de la propriété que nous venons de voir.

— Qui t'assure, quoique étant ses locataires, que ces dames consentiront à nous admettre chez elles et dans leur intimité ?

— C'est assez probable, répond Max, deux jeunes gens tels que nous, aimables, instruits, du meilleur ton, lorsqu'ils veulent, ne peuvent manquer d'inspirer intérêt et confiance; ensuite, ces femmes semblent vivre isolées, la mère est veuve, nous nous sommes dits avocats, elle finira par avoir besoin un de ces jours, de nos conseils, de notre ministère, de là, liaison intime, accueil favorable...

— Et séduction de ta part, interrompt Henri.

— Ou de la tienne, cela dépendra, car le plus amoureux abandonnera généreusement ses prétentions à l'autre en le secondant dans ses projets.

— Quoi, tu serais capable d'une telle abnégation en faveur de l'amitié ? interroge Henri.

— Pourquoi pas !

— Cette conduite serait noble et généreuse et au-dessus de mes forces, à te parler avec franchise.

— A Henri seul un semblable sacrifice.

— Ne t'abuses pas, mon cher Max, un pareil sacrifice ne pourrait venir que d'un amour illusoire.

— C'est possible, car n'ayant jamais pris l'amour comme chose sérieuse, mais bien, pour une fièvre d'entêtement et d'amour-propre, je ne puis au juste répondre des sentimens qu'il m'inspirerait si le diable me le fourrait dans le cœur.

III.

CHACUN LA SIENNE.

Il y avait fort long-temps qu'en causant ainsi, Henri et Max parcouraient en tous sens les bois de Ville - d'Avray; il était six heures de l'après-midi à la montre de l'un de nos jeunes gens, lorsque, quittant les allées ombreuses et voulant regagner le village, ils arrivèrent à l'étang qui l'avoisine.

Leurs regards se promenant avec complaisance, aperçurent en même temps et de l'autre côté de l'eau, deux dames assises sur un tertre et occupées à un ouvrage de tapisserie, l'espace qui les séparait empêchait les jeunes amis de distinguer les traits de ces deux femmes, et le désir de les savoir jolies les engagea à tourner l'étang pour s'approcher d'elles.

— C'est elle! elle et sa mère! s'écrie Henri en ralentissant le pas et de la main pressant fortement le bras de son ami.

— Qui, elle?

— Cette fille charmante! celle qui m'occupe sans cesse, depuis l'instant où elle apparut à mes yeux.

— Oui, en effet, je viens de les reconnaître, le bruit de nos pas leur a fait lever la tête. Mais pourquoi trembles-tu donc ainsi, mon cher Henri?

— Je ne sais, Max, peut-être de ce que je n'aurais jamais voulu revoir cette jeune fille.

— Moi qui ne pense pas de même, je

trouve au contraire la rencontre des plus heureuse, abordons-les.

— Non, fuyons d'un autre côté.

— Viens donc, enfant !

Et cela disant, Max presse fortement le bras de Henri, l'entraîne presque de force jusqu'aux pieds de la mère et de la fille.

— Eh ! mais, quelle heureuse rencontre ! mon ami et moi ne nous trompions pas en croyant, mesdames, avoir l'avantage de vous reconnaître de loin.

— Vous revenez d'une longue promenade, messieurs, dit la maman après avoir, ainsi que sa jeune fille, adressé un gracieux salut aux jeunes gens.

— Nous avons suivi votre obligeant conseil, madame, parcouru ces bois charmans, dont l'aspect, la fraîcheur ont beaucoup contribué à nous déterminer entièrement à se fixer dans votre délicieux pavillon, si vous daignez, madame, consentir à nous accueillir en qualité de locataires.

— Nous serons flattées, messieurs, d'avoir près de nous d'aimables voisins, et à ce titre nous vous acceptons avec reconnaissance.

— Que de bonté! veuillez donc, madame, nous regarder comme tels dès ce jour et nous permettre de venir habiter demain notre appartement.

— Vous m'excuserez, si je me conforme à l'usage qui est de prendre des informations sur les personnes qu'un propriétaire admet en sa maison, dit la vieille dame.

Henri à ces mots, sent le rouge lui monter au visage.

— Cela est trop juste, madame, pour que nous y trouvions à redire le moins du monde.

— Quant au paiement, vous n'ignorez pas qu'à la campagne il se fait d'avance, mais, espérant très favorablement, messieurs, sur les informations que demain mon jardinier ira prendre à Paris, je vous laisse entièrement libres d'y satisfaire lorsque bon vous semblera.

— A cela ne tienne, madame! demain les fonds seront à votre disposition.

— Non, messieurs, non, ne vous embarrassez point de cette bagatelle un jour d'installation, vous dis-je.

— Femme estimable ! pense tout bas Max, le seul jusqu'alors qui ait porté la parole.

— Henri, as-tu sur toi une de nos cartes de visite, afin de laisser notre adresse à madame.

— Non, je n'ai pas mon portefeuille, balbutie Henri, entièrement absorbé par la contemplation.

— N'importe ! notre chemin étant de passer devant la demeure de madame, nous lui demanderons la permission d'inscrire la nôtre chez son concierge.

— Dites chez moi, messieurs, où ma fille et moi allons retourner aussitôt.

— Ah ! de grâce, madame, on est si bien ici, l'air y est si doux, le ciel si pur, vraiment ce serait un crime de vous contraindre à rentrer, demeurez donc, rien ne nous presse et le plaisir de votre société est trop précieux pour que nous ayons hâte de nous en priver.

— Devons-nous, messieurs, sans indiscrétion, user de cette permission, fait entendre la dame.

— Nous implorons cette faveur comme la chose la plus agréable pour nous, mesdames, dit enfin Henri. Au son de voix, la jeune fille ose lever un regard timide.

— Que ce dessin est de bon goût, que cette tapisserie est jolie! Ne trouves-tu pas Henri, que ces fleurs sont à prendre à la main? fait entendre Max, qui s'est approché de la jeune fille et contemple son ouvrage.

Henri renchérit sur les louanges de son ami, la jolie fille rougit jusqu'au blanc des yeux, la maman sourit, et en cet instant commence un nouvel entretien, une gracieuse causerie, où des riens, aussi spirituels qu'aimables, font briller l'esprit de nos deux jeunes gens, et engendrent bientôt entre eux et les deux dames une douce intimité.

Elle s'appelle Sylvie, sa mère vient de

la nommer ainsi, elle est blonde, sa peau est le mélange du lys et de la rose, sa figure ravissante, ses yeux pleins de bonté, d'expression et de douceur, ses dents sont admirables, un baiser de ses lèvres vermeilles doit rendre fou, ivre d'amour; sa taille! oh! sa taille, quelle perfection! ce sein, comme il agite la gaze légère qui voile sa blancheur; quel contour, que de volupté dans ce corsage!

Ainsi pensait Henri, assis sur la terre, presque aux pieds de celle qu'il admire, de celle dont la présence, les charmes infinis, font glisser dans tout son être un feu dévorant, inconnu, un délire inexprimables. La grand'mère de cet objet charmant, se nomme madame Millet, elle peut avoir soixante-dix ans, elle est petite, mais a de l'embonpoint, sous les rides de sa vieillesse se découvrent encore des restes d'une rare beauté; le ton de cette dame est parfait, il annonce une personne ayant vécu dans le grand monde, la bonne compagnie; la bonté, la confiance se manifestent dans toute sa personne, et dans ses discours.

Le temps, dont deux heures avant Max vantait la pureté, se couvre tout-à-coup de nuages noirs et épais, quelques gouttes d'eau larges et chaudes s'en échappent et donnent le signal d'une prudente et prompte retraite, heureusement que la demeure des deux dames n'est qu'à quelques pas, toute proche enfin, mais pas assez cependant, pour que leurs cavaliers et elles ne reçoivent en chemin le commencement d'un affreux orage et d'une averse abondante.

Ils atteignent la maison enfin, et s'y réfugient ; la politesse, l'humanité ont exigé que les deux amis fussent invités à se mettre à l'abri, et c'est dans un riche et grand salon situé au rez-de-chaussée, que la mère et la fille viennent de les introduire, où elles les invitent de la manière la plus polie à vouloir bien se reposer en attendant que la nuée ait cessé de déverser ses torrens d'eau sur la terre.

— Quel temps affreux ! que je vous

plains, messieurs, comment allez-vous faire pour regagner Paris ?

— Il y a sans doute en ce pays une voiture qui nous aidera à franchir ce trajet, répond Henri.

— Oui, mais le bureau est loin d'ici, et avant de s'y rendre il faut attendre la fin de ce déluge.

— Un piano, d'un bon faiseur, fait entendre Henri en fixant l'instrument ouvert non loin de la place qu'il occupe.

— Vous êtes musiciens, messieurs, m'avez-vous dit.

— Quelque peu, madame, répond Henri.

— Et de plus, aussi modeste que sa réponse, car vous saurez, mesdames, que mon ami est un excellent pianiste, qu'il ne tient qu'à vous de s'en assurer en l'engageant à jouer quelques morceaux, fait entendre Max.

— Si c'était, en effet, de la complaisance de monsieur, nous l'écouterions avec plaisir.

— Volontiers, madame, mais, afin de vous désabuser sur les louanges dont l'amitié de Max est beaucoup trop prodigue à mon égard, et de plus espérant infiniment en votre indulgence.

Une réponse flatteuse de la part des deux dames, puis Henri se place au piano, piano inspirateur, touches heureuses que caressent à chaque instant du jour les plus jolis doigts du monde, doigts blancs et potelés. Et cette glace, placée au-dessus de cet instrument, qui réfléchit sans cesse les traits les plus enchanteurs, et, en ce moment même, lui représente encore l'image de la plus belle de toutes, placée derrière à quelques distances de lui, les yeux timidement fixés de son côté, Henri vient d'exécuter un morceau, celui de la *Folle*, avec goût, adresse; en cet instant, il reçoit les félicitations des deux dames sur la pureté de son exécution.

— Et vous, mademoiselle, ne daignerez-vous nous faire entendre quelque chose ?

A cette demande de Max, la jolie fille se tourne vers son aïeule, qui par un signe de tête souscrit aussitôt à la demande. Elle se place, ses doigts parcourent le clavier, des sons harmonieux se font entendre, et dans l'ame de Henri plongent le trouble, le délire et l'amour.

— Que de grâce! quelle angélique créature! ah! sans elle, sans sa permission, plus de bonheur pour moi sur la terre.

Ainsi soupirait Henri en contemplant Sylvie près de laquelle il est assis.

Elle a exécuté plusieurs morceaux choisis, sa voix délicieuse et tremblante s'est même fait entendre dans une romance des plus suaves, Max vient de donner aussi un échantillon de son talent, non sur le piano, mais sur un violon appartenant au maître de musique de Sylvie. Encore de l'harmonie, cette fois, c'est une sonate à quatre mains que les yeux perçans de Max ont découverts parmi les nombreux cahiers de musique, sonate que Henri et Sylvie exécutent ensemble, que Max accompagne sur le violon, le tout à la grande satisfaction de madame Millet, dont le sourire et les bravos saluent nos trois musiciens. Bonheur pour tous en ce moment, pour l'aïeule mélomane, pour Max, enchanté de faire preuve d'éducation et de talent, pour Henri, Henri le bienheureux, dont les mains en exécutant ont rencontré à plusieurs reprises celles si douces de la jolie fille, dont le corps s'est penché vers le sien, dont l'haleine s'est mêlée à son haleine; puis du bonheur aussi pour Sylvie, du moins, ainsi l'annonce son gracieux sourire, l'aimable regard qu'à la dérobée elle jette sur Henri.

— Combien, messieurs, ma fille et moi devons vous remercier de l'aimable soirée que vous venez de nous faire passer.

— Tout le plaisir, mesdames, a été pour nous, pauvres voyageurs sans asile, à qui vous avez daigné accorder la plus aimable hospitalité.

— A demain donc, messieurs, puisque dès ce jour nous serons voisins.

— Oui, mesdames, à demain le bonheur

d'habiter près de vous... A propos, nous allions oublier, Henri, de dicter notre adresse à madame, ajoute Max.

— Cela est inutile maintenant, messieurs, nous venons de faire une assez ample connaissance, je crois, pour qu'il y ait besoin de s'informer davantage, répond la vieille dame.

— Ah! que cet excès de confiance nous flatte et nous honore, madame, dit Henri.

Ce qui n'empêche pas Max d'insister avec effronterie à vouloir inscrire sa demeure, qu'il indique à haute voix, mais à laquelle madame Millet ne prête aucune attention.

Le temps a repris sa pureté, des milliers d'étoiles brillent au firmament, et la pendule vient de sonner dix heures. Il faut se séparer, au grand regret de nos deux jeunes gens qui lorgnaient avec envie le pavillon afin d'y passer la nuit, sans oser ni l'un ni l'autre en exprimer le désir.

— A demain.

— A demain; et la grille vient de se fermer sur eux.

Un jardinier qui a reçu de madame Millet l'ordre d'accompagner les deux amis jusqu'à la voiture, une lanterne à la main les guide respectueusement à travers les rues obscures et humides du village, et en récompense de sa peine, reçoit une pièce de cinq francs, dont la vue mérite à nos héros de nombreuses salutations.

Encore deux places à la voiture, ce sont les dernières, Max et Henri s'en emparent. Le cocher allait fouetter ses chevaux, lorsqu'une petite voix féminine de s'écrier:

— Pierre, arrêtez.

— Plus de place, mam' Boneau, répond le cocher.

— Comment, plus de place, cependant il en faut une à ma femme.

— Impossible, monsieur Boneau, la voiture est complète.

— Comment, Pierre, pas moyen d'en avoir une toute petite pour moi, qui ait tant affaire à Paris ce soir, moi, que ma sœur attend pour accoucher de son premier né.

— Dam, mam' Boneau, demandez aux voyageurs s'ils consentent à se serrer un p'tit brin.

— Si c'était un effet de votre complaisance, messieurs et dames, ma femme est extrêmement mignonne.

Ainsi disait monsieur Boneau, petit homme horriblement laid, à travers la portière et en se haussant sur la pointe de ses pieds.

— Faites monter madame votre épouse, monsieur, mon ami et moi consentons à nous gêner un peu en sa faveur, fait entendre Max placé ainsi que Henri dans le coupé de la voiture, et ayant en troisième, à côté d'eux, un petit écolier regagnant son collège et qui déjà ronfle dans son coin.

— Ah! messieurs, que de reconnaissance! Mignonne, viens par ici, voilà des messieurs assez complaisans pour te faire une place à côté d'eux.

Et madame Boneau, aidée par son époux, monte et s'asseoit entre Max et un coin de la voiture.

— Chérie, si mes occupations me le permettent, j'irai te rejoindre demain soir, autrement, n'oublies pas de m'écrire si c'est un garçon ou une fille.

— Oui, minet, surtout ne va pas ce soir au café, rentre tout de suite et prends garde de t'enrhumer.

— En route ! s'écrie le cocher, et la lourde voiture se met en mouvement.

Madame Boneau est fort appétissante, jolie même, et peut avoir vingt ans, remarques faites par Max à la lumière d'une lanterne lors de sa montée en voiture, plus, la place qu'elle occupe est tellement étroite que la moitié de son derrière pose sur la cuisse de Max, et que celui-ci ne s'en plaint pas le moins du monde. Cependant, cette gênante position occasionne à la dame autant de secousses qu'en fait en roulant la voiture, ce qui engage le galant Max à la soutenir de son bras obligeant, après le lui avoir passé autour d'une taille charmante. L'écolier continue à dormir, Henri, muet et les yeux fermés, porte toutes ses pensées vers Sylvie, et Max ainsi que madame Boneau, entament un fort long entretien.

Madame Boneau est mariée depuis six mois au receveur des contributions de Ville-d'Avray, et quoique son époux ait le double de son âge, elle assure avoir fait un mariage d'inclination, madame Boneau ne paraît pas avoir infiniment d'esprit, mais elle a de beaux yeux, de belles dents, et une gorge aussi blanche que ferme, de quoi s'assure Max d'un doigt téméraire, dont une petite menotte repousse l'audace. Madame Boneau se rend à Paris afin d'assister aux couches de sa sœur aînée, mariée depuis tantôt six mois et en mal d'enfant depuis midi. La voiture vient d'atteindre le pont de Sèvres, le bruit d'un baiser vient aussi de troubler le silence qui, depuis un instant, s'était établi dans le coupé.

— Ah! que vous êtes audacieux et pressant, finissez, soyez donc sage; ah! si monsieur Boneau apprenait jamais qu'un jeune homme a osé m'embrasser ! lui, si jaloux de sa petite femme...

— Eh ! qui ne serait jaloux de la possession d'un trésor tel que vous, lorsque moi, qui ne vous connais que depuis un instant, je sens déjà mon cœur brûler pour vous d'une flamme dévorante, murmure Max en pressant la jeune femme sur son sein.

— Menteur ! oh ! je ne vous crois pas, les hommes sont si faux.

— Ils ne le sont pas, ceux qui vous font entendre que vous êtes belle et gracieuse, que vos yeux énivrent, que votre bouche appelle le baiser, que de vous aimer, d'être payé de retour serait le bonheur suprême.

— Si je me plains de votre audace, je dois avouer aussi que vous parlez d'une façon agréable. Oh ! que de pauvres dupes ont dû faire vos mielleuses paroles.

— Elles ne sont autres que le langage qu'inspire une jolie femme, pour qui on sent battre son cœur.

— Allons donc! est-ce que le vôtre peut battre pour moi, que vous connaissez à peine.

— Vous en doutez, donnez-moi votre main.

— Non pas.

— Il le faut, car j'aime à convaincre les incrédules.

— Non, vous dis-je. Ah! si M. Boneau le savait!...

Malgré le refus, Max ne s'empare pas moins de la main de la jeune femme, qu'il pose sur son cœur en ce moment agité de désirs et d'amour; et, comme il y avait résistance, une secousse toute légère fait tomber la tête de la dame sur le visage de Max : de là un baiser sur deux lèvres vermeilles, de là confusion d'une part, répétition de l'autre.

— Eh bien! bat-il?...

Pas de réponse.

—Quoi? si jolie et garder rancune d'une faute dont vos charmes sont les seuls coupables?... Ah! ne me boudez pas; ne me privez pas d'entendre le doux accent de votre voix.

— Laissez-moi, monsieur; si M. Boneau savait votre conduite, vous auriez tout à redouter de sa colère.

— D'accord; mais il n'en saura rien, à moins que votre jolie bouche ne lui confesse les folies dont votre gentil minois m'a rendu coupable.

— Je m'en garderai bien, ô ciel! mais ici nous ne sommes pas seuls : et s'il y avait un indiscret...

— Ah! n'ayez nulle crainte sur ce point : près de moi dort un frère, un ami discret et heureux de mon bonheur; plus loin est un enfant plongé dans un profond sommeil.

— Heureusement! car M. Boneau est si terrible!...

— Ah! vous allez demeurer à Ville-d'Avray?

— Dès demain.

— J'aurai le doux bonheur d'habiter le même pays que vous; aussi ai-je l'espoir de vous voir souvent, car je prétends bien faire connaissance avec votre mari en faveur de ce qu'il est l'époux d'une jolie femme.

— Et je puis vous assurer que vous ne vous en repentirez pas, mon mari est un très-bon enfant et d'une gaîté excessive. Oh! il vous fera joliment rire, allez.

— Si son épouse daigne seulement avoir un peu d'amitié pour moi, je serai alors le plus heureux des mortels.

— Pourquoi pas, si vous êtes bien sage!

— Près du mari, d'accord; mais près de l'épouse, je ne veux être que tendre et caressant.

— Mon Dieu! que vous êtes enjoleur!

— Et vous toute adorable.

— Quoi, encore! Ah! finissez ou je me fâche.

Et cela disant, la jolie femme essayait à contenir l'audace de deux mains pétulantes...

— Ainsi donc, pour prix de ma sage conduite, vous me permettez de vous revoir sous quatre jours?

— Du tout ! je n'ai pas dit cela.

— Le soir, à la nuit tombante, dans l'avenue de l'Etang, où je vous attendrai avec la plus vive impatience.

— Non, monsieur, impossible ! Et mon époux, donc, s'il venait à découvrir qu'un jeune homme m'a donné rendez-vous, et que je m'y suis rendue.

— M. Boneau n'en saura rien, car le plus doux mystère couvrira cette heureuse entrevue : les bois sont épais, les allées ombreuses ; qui pourra nous surprendre ?

— Mais, qu'avez-vous donc tant à me dire, pour demander ce tête-à-tête ?

— Mille jolies choses que vos attraits divins m'inspirent.

— N'avez-vous pas le temps de me les compter tout à votre aise, lorsqu'après avoir fait connaissance avec mon mari, vous serez reçu à la maison ?

— D'accord ; mais, avant, il me serait doux de prouver à l'épouse que je suis digne de l'estime de son époux.

Fatalité ! la voiture vient d'atteindre le

but de sa course, la portière s'ouvre, et le conducteur engage les voyageurs à descendre.

— Au moins, vous ne refuserez pas mon bras, à cette heure, pour vous conduire chez madame votre sœur.

— Je ne puis l'accepter : car voilà son époux qui, planté dans cette cour, attend ma descente de voiture.

— Descendez, s'il vous plaît, fait entendre une voix à travers la portière du coupé.

— Surtout n'oubliez pas l'avenue de l'Etang, dans quatre jours et sur la brune, murmure encore Max.

Nulle réponse, car un grand jeune homme, à la figure maigre, ouvre en ce moment la portière en disant ;

— Rose, es-tu là?

— Oui : Todore, me voilà.

— Arrive donc, les douleurs augmentent; je n'ai pu de sang-froid la voir souffrir ainsi, et je me suis sauvé pour venir au-devant de toi.

Ceci se disait tandis que la dame descendait le marche-pied, soutenue par son cher beau-frère, et après le dernier baiser donné par l'amoureux Max, déposé avec violence sur des lèvres et des dents admirables.

— Madame, veuillez recevoir mes salutations, et vous, monsieur, mes souhaits sincères sur la prompte et heureuse délivrance de madame votre épouse.

— Ah! vous savez, messieurs!...

— Oui, madame a eu la bonté de me faire part de la pénible position où se trouve votre aimable dame.

— Merci, messieurs, de vos souhaits. Oh! nous espérons que les choses iront au mieux, et que bientôt nous aurons à célébrer un heureux baptême.

— A propos! en parlant de baptême, j'oubliais, Todore, de t'apprendre une fâcheuse nouvelle, dit madame Boneau à son beau-frère.

— Bah! qu'est-ce donc?

— C'est que M. Moutonet, notre voisin,

ne pourra être parrain de ton enfant, ainsi qu'il te l'avait promis.

— Bah! comment, il se dédit.

— Non, le pauvre cher homme s'en serait bien gardé, il se promettait trop de plaisir ce jour-là; mais, ayant eu la faiblesse de se laisser mourir...

— Vraiment! le cher homme est mort!

— Hélas! oui, avant-hier, à la suite d'une fluxion de poitrine attrapée en pêchant à la ligne dans l'étang de Ville-d'Avray.

— En vérité, ces sortes de choses sont faites pour moi! Ainsi, te voilà sans compère, ma petite Rose, et moi sans parrain pour mon nouveau-né à venir.

— Un mot de madame devra suffire, je pense, pour provoquer la sollicitation d'une telle faveur; car, qui, près d'elle, ne serait heureux de remplacer M. Moutonet?

— Comment, monsieur, est-ce que vous accepteriez d'être parrain, si l'on vous y engageait? demande la jeune femme.

— Plus, madame, car j'implore près de vous et monsieur cette aimable faveur.

— C'est infiniment d'honneur que vous nous faites, monsieur, et si ma belle sœur y consent, pour mon compte, j'en serai enchanté.

— Moi, volontiers : justement nous comptions faire ce baptême à Ville-d'Avray, et monsieur vient habiter le pays dès demain.

— Charmant, en vérité! Ah! que ma femme sera contente.

— Pas plus que moi, monsieur, à qui vous accordez en ce moment la plus jolie de toutes les commères.

— Comme le baptême ne doit se faire qu'après les relevailles de madame Bichet, mon épouse, j'espère bien, messieurs, que d'ici-là, vous daignerez nous faire votre visite.

— Certainement, brave monsieur Bichet, et dès demain j'espère bien, en allant m'informer de l'état de madame votre épouse, avoir l'avantage de faire ma connaissance avec elle.

— Bichet, marchand faïencier et de cristaux, rue des Cannettes, n° 9, telle est ma demeure, où ma belle-sœur, ma femme et moi, vous recevrons avec la plus grande satisfaction.

— Max de Maineville, et Henri Varnier, agens de change, tels sont nos noms et professions.

— Noms superbes, profession des plus honorables, répond M. Bichet, enchanté d'apprendre que son enfant doit avoir un agent de change pour parrain.

— Au revoir donc, monsieur et madame.

— Au revoir, messieurs.

Et Max, avant de s'éloigner, presse tendrement et en cachette la main de madame Boneau, dont la douce pression répond à la sienne.

— J'ai cru que tu n'en finirais pas avec ces gens-là, fait entendre Henri emmenant Max.

— Plains-toi, si tu l'oses. Il me fallait une diversion à la douleur que me cause le plus affreux des sacrifices, celui de te céder en entier toutes mes prétentions sur notre adorable Sylvie; et le ciel, propice à tous deux, m'envoie dans mon affliction une femme jeune et jolie pour m'aider à supporter ma peine et l'aspect du bonheur que te promet la plus noble comme la plus belle des conquêtes.

— Quoi ! tu serais assez généreux pour renoncer en ma faveur aux doux sentimens que nous a inspirée à tous deux la vue de la gracieuse Sylvie? dit Henri avec feu.

— Parbleu ! il le faut bien, à moins de vouloir exciter ta jalousie, et de te rendre le plus malheureux des humains.

— Ah! tu as bien deviné, Max, car je l'aime à la fureur, à en mourir s'il me fallait renoncer à l'espoir de me faire aimer d'elle! et cependant! ajoute tristement Henri, quel moyen employer?

— Celui qu'on emploie près de toutes les femmes, lui faire ta cour en cachette de sa chère aïeule, chose des plus faciles, grâce au long séjour que nous allons faire près d'elles.

— Un long séjour ! Y penses-tu, Max? Et vivre, vivre, insensé! oublies-tu que, grâce à nos prodigalités, nous sommes sans argent en ce moment.

— Quelques pièces de cent sous qui, sagement conduites, nous mèneront facilement jusqu'à la réponse de notre lettre de ce jour; ensuite, l'argent que le charitable Mont-de-Piété nous comptera sans difficulté en échange d'une de nos montres, sera, je pense, suffisant pour solder d'avance une quinzaine de notre pension alimentaire chez un traiteur du village.

— Fort bien! mais ce loyer de cinq cents francs, comment y satisferons-nous?

— Bah ! d'ici à ce qu'il échoie, tu auras eu le temps de te fatiguer de la petite, ou d'en faire ta femme si sa fortune vaut la peine que tu échanges ta liberté contre sa possession, c'est alors que nous préleverons sur la dot de quoi satisfaire la grand'maman, si, devenu son gendre, elle avait la bassesse d'exiger ce paiement.

— Max, que peuvent être ces femmes?

— Je ne m'en suis pas encore occupé, et cependant la chose en vaut la peine. La vieille est sans doute veuve d'un honnête marchand retiré.

— La grand'mère, c'est possible; mais Sylvie, quel est son père, dont on ne nous a point parlé?

— Patience! nous saurons tout cela un peu plus tard; reposes-t'en sur moi pour le chapitre des informations, car, dès demain déjà, ma jolie et future commère, en répondant à mes questions, nous donnera quelques détails sur Sylvie et son aïeule.

— Ne partons-nous dès demain pour Ville-d'Avray?

— Non pas; mais bien après ma visite chez M. Bichet, dont la belle-sœur me tourne la tête.

— Et ce baptême! que de dépenses il va nous occasioner! observe Henri.

— Non, presque rien; je serai prudent, répond Max.

— Et nos études? notre droit?

— Remis à l'indéfini, vu que l'étude est incompatible avec l'amour.

— Mais que dirons nos parens, s'ils apprennent que nous perdons notre temps, dit Henri.

— Est-ce le perdre que de travailler à la possession d'une riche dot, à celle d'une jolie femme? D'ailleurs, ajoute Max, quoi nous empêche d'étudier dans le silence des bois et des champs, et venir de temps à autre à l'école?

— Tu as raison, on est si bien pour étudier à la campagne.

En causant ainsi, les deux amis avaient atteint leur demeure dont ils montaient paisiblement l'escalier, lorsqu'une porte du second étage, celle de monsieur Lagrue, propriétaire, s'ouvrit brusquement et que ce dernier parut à leur regard surpris.

— Salut à monsieur Lagrue.

— Je suis ravi, messieurs, de vous rencontrer ce soir, ayant à m'entretenir sérieusement avec vous au sujet des trois termes que vous me devez...

— Comment se porte cette excellente madame Lagrue? demande Max.

— Pas mal, Dieu merci, oui, c'est au sujet des trois termes que vous me devez...

— Votre chandelle coule, la mèche est de travers, prenez garde de vous tacher, monsieur Lagrue, observe Henri.

— Merci, je disais donc que c'était au sujet des trois termes que...

— Que nous vous devons et qu'avant peu nous vous paierons, exactement intérêts et principal; mais Henri et moi arrivons de la campagne, et sommes horriblement fatigués, veuillez donc, monsieur Lagrue, remettre l'entretien à un autre moment.

— Du tout! je veux à l'instant même avoir avec vous ladite explication ci-dessus énoncée...

— Volontiers, alors entrons chez vous, où nous causerons assis et plus à notre aise, en dégustant quelques tasses de ces cerises à l'eau-de-vie que perfectionne si admirablement madame Lagrue, à qui même nous serions enchantés d'adresser un petit bonsoir.

— Ce serait avec plaisir, messieurs, mais il se fait tard et mon épouse est au lit.

— Qu'importe, une jolie femme au lit ne nous fait pas peur.

— Laisse entrer ces messieurs, mon Hyacinthe, il n'y a nulle indiscrétion, s'écrie de sa chambre à coucher madame Lagrue, que le mot de jolie femme a mise tout en émoi. Vous m'excuserez, n'est-ce pas, messieurs, de vous recevoir dans mon lit ?

— Tout-à-fait, madame Lagrue, répond Henri à une masse de chair informe que lui et Max saluent de la façon la plus gracieuse.

— Hyacinthe, mon bichon, le bocal aux cerises est sur la seconde planche de l'armoire, sers-en à ces messieurs, puisqu'ils les trouvent à leur goût.

— D'autant meilleures, que de jolies mains ont travaillé à les perfectionner, dit

Max en jetant un coup d'œil sur les grosses épaules de mouton que la dame tient en ce moment hors de la couverture.

— Badins ! exclame, en mignardant, madame Lagrue, dont les petits yeux rayonnent comme deux soleils, tant elle éprouve de contentement.

— Çà, buvons et causons d'affaires, dit monsieur Lagrue après avoir empli trois tasses.

— Soit, buvons et parlons de la fraîcheur merveilleuse de madame Lagrue.

— Ah ! messieurs !

— Oui, trésor, ces messieurs ont raison, les lys et les roses se partagent ton teint.

— Hyacinthe, ces messieurs goûteraient sans doute avec plaisir à nos pêches à l'eau-de-vie.

— Fameux ! des pêches à l'eau-de-vie, mais il en est une au naturel dont l'éclat nous convient beaucoup plus, dit Max en fixant madame Lagrue d'un regard langoureux et significatif.

Et Henri de tousser avec force après avoir entendu ce mauvais compliment, qui est cause qu'il vient d'avaler un noyau de travers.

— Oui, bichonne, des pêches à l'eau-de-vie, mais après avoir entretenu ces messieurs des trois termes...

— A propos, nous avons une plainte à vous porter, monsieur Lagrue.

— Bah ! qu'est-ce, messieurs ?

— De ce que, ce matin, un impertinent huissier est venu troubler notre sommeil, venant soi-disant de votre part.

— En effet ! c'est moi, qui, pressé de toucher l'argent des trois termes que...

— Bah ! allez-vous nous faire accroire qu'un millionnaire tel que vous a besoin d'une pareille misère.

— Hyacinthe, verse-donc des cerises à ces messieurs.

— Oui, messieurs, en ce moment cette somme me serait fort nécessaire, ayant un besoin extrême de réunir mes capitaux et d'en former une forte somme.

— Pour acheter encore quelque riche propriété, lorsque déjà la moitié de cette rue vous appartient. Fi! vous êtes insatiable, monsieur Lagrue.

— Du tout! je suis prudent et aime à bien placer mes fonds.

— Oui, en pierres de taille.

— Non, cette fois, c'est en terre et bois, avec un tout petit château au milieu, berceau de ma famille, celui de mon père, très joli bien que la révolution de 89 a fait sortir de ma famille, que l'on met en vente d'ici à huit jours et que je me fais un devoir de racheter à tout prix.

— Quoi, même au-dessus de sa valeur? demande Henri.

— Hélas, oui! si le sort m'y forçait. Est-il chose plus cher à notre cœur que le toît où nous prîmes le jour, que la terre où reposent les restes de nos aïeux?

— Superbes sentimens, monsieur Lagrue, dont je n'aurais jamais cru capable un propriétaire.

— Hycinthe, offre donc des pêches à ces messieurs.

— Comment, encore ces beaux yeux ouverts? dit Max en s'adressant à la dame.

— Je ne me sens nul besoin de sommeil ce soir, prenez donc, messieurs; n'est-ce pas qu'elles sont parfaites?

— Délectables, répond Henri la bouche pleine du fruit.

— Vous devez sentir alors, messieurs, le besoin où je me trouve de toucher les trois...

— Je parie que vous êtes Bourguignon, monsieur Lagrue, interrompt brusquement Max.

— Non, monsieur, je suis Picard.

— D'Amiens, sans doute?

— De Beauvais.

— Jolie ville!

— Mais, oui, pas mal.

— Vous êtes né dans la ville même?

— A une petite lieue, dans un village

nommé Hormeau. Mais laissons cela, et occupons-nous des trois termes que vous me devez et qu'il faut absolument me payer, si mieux vous n'aimez voir saisir votre mobilier, sans parler du congé que votre tapage d'hier au soir m'a contraint de vous faire signifier, à la demande générale des voisins et locataires de cette maison.

— Hyacinthe, encore une pêche à ces messieurs.

— Elles nous paraîtraient cent fois meilleures si la main des graces daignait nous les servir.

— Excusez-moi, messieurs ; mais étant couchée, je ne puis combler vos vœux, décoche bêtement madame Lagrue, s'appliquant le compliment sans nulle difficulté ; et toute résolue à payer les suivans de la totalité de ce que contient le bocal.

— Or donc, messieurs, quoique je me plaise à reconnaître en vous de bons et excellens jeunes gens, je me verrai, avec le plus profond regret, forcé d'agir avec la dernière rigueur si, dans trois jours, vous ne m'avez payé les trois termes dont vous êtes redevables.

— Eh! qui vous dit, trop excellent monsieur Lagrue, que notre plus puissant désir ne soit pas de nous acquitter envers vous?

— Mais vos remises continuelles, car depuis que vous êtes mes locataires, je suis encore à connaître la couleur de votre argent.

— C'est juste! très juste! Nous ne vous avons pas encore payé, mais cela viendra.

— Je l'espère bien! mais quand?

— Le jour où je toucherai, moi, Max de Maineville, les premiers fonds de l'immense héritage que je viens de faire.

— Bah! vous venez de faire un immense héritage? s'écrient M. et madame Lagrue avec surprise.

— Deux millions cinq cent soixante mille francs que me laisse un parent, un oncle que je croyais mort, que l'émigration força jadis à demander un asile au roi de Maroc, dont il devint le ministre et le gendre.

— En vérité.

— Comme j'ai l'honneur de vous le dire, répond Max avec sang-froid.

— Mais cette liquidation sera longue, sans doute?

— Que m'importe! puisque l'armateur qui m'a apporté cette heureuse nouvelle consent à m'avancer d'ici à quinze jours six cent mille francs en à-compte sur la succession.

— Dans quinze jours!

— Oui, mon cher monsieur Lagrue, or, Henri et moi espérons que vous daignerez attendre encore ce temps l'argent dont nous vous sommes redevables.

— Puisqu'il le faut absolument, j'y consens, à la condition que vous me tiendrez compte des intérêts.

— Cela va sans dire; de plus, vous aurez l'extrême complaisance de vouloir bien mettre notre logement à louer tout de suite, et de faire transporter nos meubles dans quelque resserre, où nous les reprendrons au retour du petit voyage que Henri et moi allons entreprendre demain.

— Ah ! vous allez en voyage.

— Pour quelques jours seulement, avec l'armateur en question, répond Max.

— Heureux jeunes gens, allez-vous jouir de cette vie, et vous en donner !

— Nous l'espérons bien.

— Surtout, mes amis, ne touchez pas à votre capital ; contentez-vous de son immense revenu, et surtout placez avec prudence et sûreté, achetez-moi de bons bois, de bons prés, des terres fertiles ; avec cela, du moins, pas de non valeurs, de craintes d'incendie ni d'invasion.

— Telle est notre intention ; je dis notre, parce que tout est commun entre Henri et moi.

— Amitié modèle tout-à-fait, exclame M. Lagrue.

— Quel dommage, vous allez nous quitter, messieurs, roucoule gentiment madame Lagrue.

— Hélas ! madame, ce n'est pas sans un

vif regret; mais nous espérons que vous daignerez nous permettre de venir visiter quelquefois notre ancienne et aimable propriétaire.

— J'y compte, messieurs; ce sera un véritable plaisir, croyez-le bien, pour mon mari et moi. Hyacinthe, offre donc à ces messieurs quelques gouttes de notre brou de noix.

Mais nos jeunes gens, gavés comme des pigeons, remercient cette fois, et prennent congé à une heure du matin de monsieur et de madame Lagrue.

— Que de mensonges, que de paroles inutiles. A quoi bon, je te le demande, cet héritage supposé? Une semblable imposture pour gagner quelques jours, quelle pitié! fesait entendre Henri en s'adressant à Max, au moment où tous deux rentraient chez eux.

— Mensonge fort important, paroles toutes nécessaires, rien de trop, tout pour ton salut et le mien. Couche-toi, dors ou pense à ta belle, puis espère et attend tout de mon adresse, répond Max en se fourrant entre ses draps.

— Espèrerais-tu toi-même, après avoir ébloui M. Lagrue par ce prétendu héritage, lui emprunter de l'argent ?

— Loin de ça, car après avoir emprunté il faut rendre.

— Quelles sont donc tes intentions?

— Tu ne les connaîtras qu'après le succès, et ce succès je l'attends dans huit jours; ainsi donc, plus un mot là-dessus, bonsoir et bonne nuit.

Là-dessus Max coiffe sa chandelle d'un verre à boire en guise d'éteignoir, et Henri, la tête sur l'oreiller, s'empresse de porter ses pensées sur les aventures de la journée et la charmante Sylvie.

IV.

VISITE A L'ACCOUCHÉE. — CHANGEMENT DE DOMICILE.

— Monsieur Bichet?
— Montez; il est en haut près de madame et de sa belle-sœur.

Max, à qui s'adressent ces paroles à travers les vases, les porcelaines et les cristaux, gagne un petit escalier à vis, atteint un entresol, et guidé par les vagissemens du nouveau-né, pénètre dans la chambre qui précède celle de l'accouchée, où il trouve M. Bichet, qu'un coup de sonnette donné du magasin venait de prévenir de la visite du jeune homme.

— Enchanté, monsieur, de votre présence; donnez-vous donc la peine d'entrer, car mon épouse, à qui j'ai annoncé la visite de son compère, vous attend avec la plus vive impatience.

Max, introduit, salue dans son lit une jeune femme assez jolie, mais dont les attraits sont loin d'approcher ceux de sa sœur. Madame Boneau se lève à l'arrivée du jeune homme, en la présence de qui ses joues se couvrent de l'éclat de la fleur dont elle porte le nom. Max, accueilli avec enthousiasme, répond à cette aimable réception par la plus exquise politesse; mille propos spirituels et galans sont par lui adressés aux deux dames. La joie la plus vive brille dans le regard que Rose fixe sur le jeune homme avec complaisance. L'accouchée, en élégante toilette de nuit, et coquettement coiffée, se confond en excuse de ce qu'elle reçoit le visiteur en un pareil négligé. M. Bichet, tout entier à la paternité, s'est éloigné du lit de sa femme, près duquel sont assis Max et madame Boneau, et s'occupe en ce moment à faire chauffer dans un des coins de la cheminée la boisson de l'enfant dont on attend la nourrice d'un moment à l'autre.

— Voyez quelle belle petite filleule vous allez avoir, monsieur, fait entendre Rose en apportant le nouveau-né qu'elle vient de sortir de son berceau.

Et le futur parrain de contempler l'enfant et de saluer sa naissance d'un baiser.

— Dites-donc, on prétend qu'elle est tout mon portrait ; pensez-vous de même, compère? demande M. Bichet en accourant carresser la petite fille et la prendre dans ses bras.

— C'est à quoi vous me permettrez de répondre dans quelques années.

— Oui, je conçois, lorsque les traits de la chère petite seront formés ; mais, c'est égal, je trouve que dès à présent elle me ressemble d'une manière frappante.

— A ça près qu'elle a les yeux noirs, et que les vôtres sont bleus, répond Max en souriant.

— Bah! la couleur n'y fait rien, riposte le faïencier en présentant le biberon à l'enfant.

En cet instant la porte vint à s'ouvrir pour donner entrée à un petit jeune homme d'une vingtaine d'années, aux joues vermeilles, au regard émerveillé, et de plus frisé et coquet.

— Ah! voilà mon petit cousin Théophile, bonjour Théophile! fait entendre M. Bichet, dont la figure s'épanouit de joie à la vue du nouveau venu, qui, ayant appris l'accouchement, venait féliciter le père et la mère sur un si heureux événement.

— Baise donc ta petite cousine, mon ami, dit M. Bichet en présentant le poupon à Théophile.

Et le jeune homme, ne se le faisant pas répéter deux fois, prend le petit être entre ses bras, le fixe long-temps et avec attention, puis le comble des plus douces caresses.

— Tu aimeras bien et toujours cet enfant, n'est-ce pas, Théophile? fait entendre l'accouchée en jetant sur celui à qui elle s'adresse un regard des plus tendres, regard que traduit aussitôt Max, à qui il a fallu fort peu de temps pour découvrir le mot de l'énigme, et s'apercevoir que le cousin a les yeux de la même couleur que la petite cousine, qu'il promet d'aimer si tendrement.

— Ah ça j'espère, M. Max, que vous allez nous faire l'honneur de dîner avec nous? demande M. Bichet.

Mais Max refuse l'invitation, car son ami l'attend, et que ce jour même ils doivent se rendre à Ville-d'Avray.

Madame Boneau vient de quitter la place qu'elle occupait près de sa sœur, place que s'est empressé de prendre le cousin Théophile.

Max a suivi la jeune femme dans l'embrasure d'une croisée, où l'a attirée sans doute le désir de s'informer de ce qui se passe dans la rue. M. Bichet, appelé au magasin, replace le poupon dans la barcelonnette, et après l'avoir recommandé aux personnes présentes, il se hâte de quitter la chambre en annonçant un prompt retour.

— Quoi ! trois jours sans vous revoir, quel tourment ! disait Max à madame Boneau.

— Oui, monsieur, trois jours, encore près de ma sœur.

— Mais, loin de vous, ces jours seront pour moi des siècles.

— Menteur ! exclame Rose en souriant.

— Pourquoi douter de la véracité de mes paroles, pourquoi douter qu'on vous adore après vous avoir vu ?

— Ah! laissez ma main, Théophile nous observe, dit avec vivacité la jolie femme en dégageant sa main que Max portait à ses lèvres.

— Eh ! qu'importe à votre cousin que nous imitions près de cette fenêtre ce qu'il se permet en ce moment derrière le rideau avec votre gentille sœur.

— Fi! que c'est vilain d'espionner ainsi les gens, comme s'il n'était pas permis d'aimer sa cousine et de le lui témoigner, répond en souriant la dame.

— Rien de plus juste, et si je les observe, ce n'est qu'afin de faire comme eux, moi qui vous aime d'un amour violent.

— Non, je ne puis vous croire.

— Alors, permettez donc, sans plus attendre, que ce soir, dans un doux tête-à-tête, il me soit permis de vous le prouver.

— J'en suis désolée, monsieur; mais ce soir, en fait de preuves d'amour, il ne m'est permis de recevoir que celles que l'époux que j'attends voudra bien me donner.

— Fatalité! aussi jolie, autant aimée de moi, et être mariée, s'écrie Max avec dépit. En tout cas, n'allez pas oublier, cruelle, le rendez-vous donné à l'avenue de l'étang!

— Donné par vous, mais non accepté par moi.

— Par tant de rigueur, voulez-vous donc sans cesse me désespérer?

— Et vous, exiger ce que je n'ose et ne dois faire!

— C'est au nom de l'amour que j'implore de vous cet heureux entretien!

— Allons, nous verrons! surtout que M. Boneau n'en sache rien.

— Amour et discrétion! répond Max.

— Eh bien! eh bien! vous laissez ainsi crier la petite, vous autres; à quoi donc pensez-vous? s'écrie M. Bichet, accourant aux vagissemens de sa petite fille, qu'il court prendre dans ses bras, et à qui il présente de nouveau le biberon.

Au bruit des pas de ce sensible père, M. Théophile a vivement quitté la place qu'il occupait près de madame Bichet, dont il pressait tendrement la main. A son exemple, Max et Rose se sont éloignés l'un de l'autre, et la conversation est redevenue générale.

— Peut-on connaître, monsieur, l'endroit que vous allez habiter à Ville-d'Avray? demanda à Max madame Boneau.

— La maison de madame veuve Millet, répond le jeune homme.

— Oh! oh! des dames comme il faut, le grand monde du pays, les inconnues, comme on les appelle.

— Les inconnues! pourquoi cette dénomination? demande Max, curieux d'apprendre.

— Dam! parce qu'on ne sait ni d'où elles viennent, ni ce qu'elles sont.

— Il y a donc peu de temps qu'elles habitent Ville-d'Avray?

— Un peu plus d'un an que la mère a acheté cette maison, où elle et sa fille sont venues s'installer un beau matin pour y vivre comme des ours, sans voir ny fréquenter qui que ce soit du pays.

— Mais de la ville, elles doivent recevoir nombreuse société? s'informe Max.

— Pas davantage, si ce n'est un homme d'un certain âge, qui, une fois par semaine, vient la visiter.

— Un homme! exclame Max avec surprise.

— Oui, en voiture, le soir et même assez tard.

— Passe-t-il la nuit près d'elles?

— Non, deux heures après il remonte dans son bel équipage.

— Ah! il a équipage?...

— Et un superbe, encore, avec deux grands laquais tout couverts d'or. D'ailleurs, pourquoi toutes ces questions de votre part; ne devez-vous pas savoir tout cela mieux que personne, étant de connaissance avec ces dames?

— Moi, pas du tout; hier, mon ami et moi, les avons vus pour la première fois, dans l'intention de louer le pavillon de la maison qu'elles occupent.

— Quoi! elles se sont décidées à prendre des locataires? des jeunes gens surtout! voilà de quoi, j'espère, faire jaser tout le village sur leur compte.

— Pourquoi, puisque le pavillon loué

par nous est totalement indépendant de la maison de ces dames?

— Oh! c'est égal, il est très imprudent à la mère d'une jeune personne de loger deux jeunes gens si près de sa fille; cela fera jaser, vous dis-je.

— On aura grand tort, je vous assure, répond Max.

— C'est encore égal, à tort ou à raison, on jasera tout de même, c'est un besoin du pays.

— Eh bien! que le pays jase si ça lui convient.

— Dites donc, compère, quel nom allons-nous donner à ma fille, dit M. Bichet interrompant l'entretien.

— Je désirerais bien qu'on l'appelât Théophilda, je trouve ce nom extrêmement doux à la prononciation, fait entendre l'accouchée.

— Impossible, ma choute, Théophile est un nom de garçon; ensuite, nous devons par politesse laisser le choix au parrain et à la marraine.

— Bichet a raison, notre filleule doit porter nos noms, fait observer madame Boneau.

— Comment vous nomme-t-on, compère? dit M. Bichet.

— Max-Phœbus de Maineville.

— Diable! mais je n'entends rien de féminin dans tous ces noms-là. Et toi, marraine?

— Rose-Thérèse, femme Boneau, née Girard.

— Pas mal, fait entendre le père.

— Allons, que chacun de nous dise le nom qu'il préfère. A vous à commencer, monsieur Max, dit Rose.

— Je donne nom Phœbé à ma gentille filleule.

— Et moi, Thérésa, fait entendre la marraine.

— Et moi, Théophilda, dit madame Bichet.

— Mais non, louloute, c'est assez de deux noms, s'écrie l'époux.

— Je veux, mon ami, que ma fille s'appelle Théophilda, répond avec fermeté madame Bichet.

— Soit! va pour Thérésa-Pœbé-Théophilda, dit Max qui devine l'intention de la mère et du petit cousin.

— Allons, qu'il en soit ainsi, puisque vous le voulez tous, mais que le diable m'emporte si je suis capable de me souvenir d'un seul de ces noms-là, reprend le faïencier.

— A quinze jours le baptême, qui se fera à Ville-d'Avray, dans la maison de votre servante, si tel est le bon plaisir du parrain.

— Qui est tout disposé à suivre les volontés de sa jolie commère; répond Max aux paroles de madame Boneau.

Encore un instant d'entretien, et notre jeune homme prend congé de la famille du faïencier, non sans avoir avant renouvelé tout bas à Rose le rendez-vous à l'avenue de l'étang.

Il est fort tard; Henri doit l'attendre et s'impatienter, aussi Max se hâta-t-il de regagner la rue de Sorbonne et son cinquième étage, où il arrive tout essoufflé pour recevoir de la bouche de son ami les reproches que lui mérite sa longue absence.

Henri a préparé les porte-manteaux, fermé les malles contenant les effets les plus précieux. Que reste-t-il dans leur demeure ? rien, que les gros meubles qu'ils laissent à M. Lagrue en garantie de la somme dont ils lui sont redevables, avec promesse de venir sous peu de jours s'acquitter envers lui; et comme un propriétaire qui sait vivre n'arrête pas au passage les bagages des gens millionnaires, M. Lagrue, tout plein de bonne foi et fidèle à l'usage, s'empresse donc d'aider les deux amis à entasser dans la modeste citadine malles, effets et instrumens, puis les salue de la manière la plus civile, après les avoir prié très respectueusement de ne pas oublier les trois termes dont ils sont redevables. Le fiacre part et conduit jeunes gens et bagages à la voiture de Ville-d'Avray. Deux heures après, au moment où l'horloge du village en faisait résonner cinq, Max et Henri prenaient possession de leur nouveau domicile, où les installaient le jardinier de la maison.

— Comment se portent ces dames? demande Henri à cet homme.

— Très-bien!! beaucoup d'honneur, en vérité : merci pour elles.

— N'aurons-nous pas le plaisir de les saluer aujourd'hui? reprend le même.

— Dam! ça dépend, si elles rentrent avant que nous soyons couchés.

— Quoi! ces dames sont absentes?

— Et toutes deux à Paris depuis ce matin.

— A Paris, exclame Henri avec inquiétude.

— Eh! oui, que je disons.

—Sans doute dans l'intention de prendre des informations sur notre compte.

— Oh! qu'non, alles ont, mafine, ben d'autres affaires à penser lorsqu'elles vont à c'te grande ville.

— Comment vous nomme-t-on, mon cher? demande Max au jardinier.

— Moi, je m'appelons Pitou.

— Eh bien! Pitou, causons un peu ensemble.

— Volontiers.

— Votre air franc et ouvert a gagné notre confiance : c'est vous que nous créons notre factotum, notre intendant, etc. !

— Vous êtes ben bons, messieurs.

— Pitou, vous allez commencer votre service par nous faire apporter à dîner.

— J'y allons, messieurs.

— Pitou, s'informe Henri arrêtant le jardinier, votre maîtresse revient-elle tard de Paris, ordinairement.

— Pas trop, les jours qu'elle et sa demoiselle n'y couchons pas.

— Ah! toutes deux s'absentent quelquefois la nuit, à ce qu'il paraît, fait entendre Max.

— Oui, queuque fois.

— Ces dames ont donc un domicile à Paris? s'informe Henri.

— Dam! apparemment, à moins qu'alles ne couchions dans la rue.

— Quoi! vous ignorez, Pitou, la demeure de votre maîtresse à la ville?

— Et oui, tout de même.

— Cela m'étonne, car, enfin, l'hiver vous n'êtes pas sans leur porter, à Paris, des légumes de cet immense jardin?

— Pas tant seulement un radis.

— Cependant le luxe de cette maison de campagne annonce un grand train dans la capitale, observa Henri.

— C'est possible, mais je ne connaissons pas.

— Y a-t-il long-temps que vous êtes à leur service?

— Depuis un an, qu'elles ont acheté cette propriété.

— Pitou, combien y a-t-il que madame Millet est veuve?

— J'ignorons.

— Elle paraît être fort riche, madame Millet, s'informe Max.

— Je croyons ben qu'oui.

— Reçoit-elle souvent la visite de son gendre, du père de mademoiselle Sylvie.

— Jamais, à moins que les morts ne revenions visiter les vivans.

— Ah! ah! à ce qu'il paraît, la jeune fille est orpheline de père et de mère.

— Ah ça ! ce monsieur mystérieux qui vient souvent ici en bel équipage, n'est autre chose, sans doute, qu'un membre de la famille ?

— Dam! je ne pouvons pas vous dire, je n'en savons pas plus que vous là-dessus.

— Très bien, Pitou, nous sommes satisfaits des renseignemens que vous venez de nous donner, car vous devez penser qu'on est curieux de savoir chez qui l'on demeure, afin de ne point s'exposer à fréquenter des gens suspects et de mauvaises mœurs, dit Max d'un ton d'importance.

— Ah! soyez ben tranquilles, mes bons messieurs, la maison étions honnête et paisible, jamais plus de bruit que vous en entendez en ce moment.

— Cela suffit, Pitou, allez commander notre dîner, et surtout qu'il soit copieux et soigné.

— Impossible de deviner quelles sont ces femmes ! s'écrie Max après le départ du jardinier.

— Attendons, et sachons le deviner ou l'apprendre d'elles-mêmes, répond Henri, en train de distribuer les effets dans la chambre.

— Attendre ! c'est fort bien ; mais la chose presse : je suis curieux, très curieux même, du chiffre de la fortune, avant de te laisser prendre entièrement feu près de la petite.

— Elle est si belle, Max, que le plus ou le moins de fortune n'altérerait en rien l'amour qu'elle m'inspire.

— D'accord ! ce que tu dis là est digne d'une ame noble et généreuse ; mais moi, qui ne suis plus amoureux, grâce à la violence que je me suis faite en ta faveur, je veux tout observer, tout savoir, afin de t'empêcher de faire une sottise en te laissant t'embarquer dans une intrigue toute sentimentale dont les résultats ne devraient pas t'assurer une brillante existence ; cent fois vaudrait mieux alors retourner aux banc de notre école et pâlir sur le Code, que de perdre le temps d'une aussi niaise façon.

— Penses-tu donc que la conquête et la possession d'une femme aussi belle ne vaudrait pas à elle seule un trésor ?

— Pour les sens et l'amour-propre, j'en conviens, ce serait à en perdre la tête; mais, pour l'aisance, les besoins de la vie, ce serait tout-à-fait insuffisant, car, mon cher, l'homme sage doit, avant de prendre femme, s'inquiéter du lendemain de la noce.

— Ah! que ce raisonnement prouve bien que tu connais peu le véritable amour !

— Ah! que le tien annonce de faiblesse et d'extravagance! mais, patience, je suis là pour y mettre bon ordre.

— Et me désespérer par des obstacles sans nombre, des sophismes aussi froids qu'ambitieux.

— Comme tu dis, et, de plus, ajoute, afin de remplir près de toi la tâche que m'inspire notre vive amitié, celle de veiller à ton bonheur en t'empêchant de faire une impardonnable sottise.

— Oses-tu donc taxer de folie le désir de posséder la plus ravissante des femmes?

— Comme maîtresse, non, comme épouse, oui, si la fortune ne nous vient avec sa main.

— L'intérêt est incompatible avec le véritable amour, répond Henri.

— Ce qui est cause de tant de sottises, de regrets; enfin, je ne permets à un homme de ton âge d'épouser une maîtresse pauvre, que lorsque la fortune le favorise lui-même, car il est doux de partager ce qu'on a avec celle qu'on aime, c'est même le devoir d'un galant homme de secourir et protéger la beauté malheureuse; mais s'unir tous deux sans état ni fortune, désolation alors, car avec la gêne viennent dans le ménage s'impatroniser la discorde, le chagrin, et souvent l'adultère.

Le dîner que le traiteur apportait vint interrompre l'entretien des deux amis.

— Où dînent ces messieurs?

— Parbleu ! dans la salle à manger, je pense, répond Henri à la demande du garçon.

— Non, dans le jardin, sous cette charmante tonnelle de chevrefeuille, dit Max, nous y serons à ravir ; le temps est si pur et si beau, qu'en dis-tu, Henri ?

— Va pour la tonnelle, répond le jeune homme.

— Un instant encore, et ces messieurs sont servis.

— Que l'on est bien ici, Max.

— Au parfait.

— Regarde, de cette place et à travers ce feuillage fleuri, on aperçoit la fenêtre où pour la première fois hier nous apparut la divine Sylvie.

— C'est peut-être la croisée de sa chambre; cela serait des plus heureux, car d'ici-là vous pourrez tenir ensemble le plus long et le plus doux des entretiens, moyennant que vous emploierez le langage à l'usage des sourds et muets.

— N'importe la manière de s'y prendre; deux amans se comprennent facilement.

— La distance est trop grande ; crois-moi, mène l'intrigue vivement, et autrement que par des signaux et des regards ; joujou d'enfant que tout cela, extase platonique qui n'aboutit à rien ; force rendez-vous, la voir dans ces épais bosquets et à l'insu de la chère grand'mère, voilà ce qui avancera lestement tes affaires; sois adroit, point de sots scrupules, presse, étourdis, captive tout à la fois, et le cœur et les sens, enfin réduis l'innocente à un tel point qu'il soit impossible de te refuser sa main lorsqu'il nous plaira d'en faire la demande, tels sont les principes de ton véridique, méthodique et imperturbable ami.

Ils ont terminé leur repas. Max offre une promenade au bois ; Henri, dans l'espoir du retour de madame Millet et de Sylvie, préfère rester et faire de la musique.

— Accepté.

Max alors prend sa flute, Henri un violon, et tous deux s'accompagnent.

— Décidément, il nous manque ici un piano, dit Max s'interrompant.

— D'accord ; mais les moyens de se le procurer? observe Henri.

— Bah! tu es sans cesse embarrassé; mais moi, je te réponds avant quinze jours d'en faire apporter un dans ce salon, de la dernière mode, et payé de nos propres deniers comptant.

— Tu es fou, Max.

— Et toi, trop incrédule, enfant. Attends, prends patience quelques instants encore, puis ensuite tu ne pourras te défendre de t'incliner devant mon adresse et mon génie. Mais, laissons cela, et continuons notre harmonie.

— Voilà la nuit, impossible de déchiffrer un mot de plus. Henri, sonne Pitou pour avoir des lumières.

— De la chandelle! fi donc! des bougies, dit Max en faisant sauter par la fenêtre les bâtons de suif tout allumés que vient d'apporter le jardinier.

— En voici, des bougies roses et bleues encore.

— Très bien ! rien de trop beau pour nous.

— Ces dames sont-elles rentrées?

— Oui, messieurs, il y a un instant.

— Quel bonheur! s'écrie Henri.

— Se sont-elles informées de notre arrivée?

— Non, messieurs.

— C'est bien, faites-là leur savoir, Pitou.

— J'y vas, messieurs.

— Pitou ! surtout, que cela vienne tout naturellement, sans que cela paraisse vous avoir été ordonné.

— Je comprenons.

— Allez, Pitou, servez-nous fidèlement, et espérez tout de notre générosité.

— Max! Max! n'aperçois-tu pas à travers les rideaux de cette croisée une ombre des plus parfaites, et fixée à la même place?

— Parbleu! oui, je crois même reconnaître les formes gracieuses de notre jolie fille ; je suis persuadé même qu'elle nous épie à travers les vîtres de cette fenêtre.

— Tu penses, Max? Oh! alors, s'il en

est ainsi, c'est que déjà elle prend à nous quelque intérêt. Si nous descendions au jardin, afin de nous rapprocher et bien nous assurer....

— Non, car si l'on nous voyait, cet empressement donnerait à penser. Continuons notre musique, afin d'attirer l'attention sur nous.

— Oui, reprenons.

Et tous deux d'exécuter plusieurs morceaux des mieux choisis comme des plus gracieux.

— Max, on ne nous fait rien dire.

— Il se fait tard, on craint peut-être d'être indiscret; espérons cependant, et jouons toujours.

— Je ne m'en sens plus la force, et perds courage.

— Alors, viens promener au clair de la lune.

— Oui, en silence, et en nous approchant le plus possible de la bienheureuse fenêtre.

Ils descendent, et à bas bruit se dirigent vers le treillage qui sépare les deux jardins;

Henri, les yeux aux aguets, aperçoit quelque chose de blanc fuir à travers le feuillage.

— C'est elle! j'en suis certain; je reconnais sa taille svelte, ses mouvemens gracieux; elle nous écoutait, Max, notre approche l'a fait fuir.

— Bien! très bien! elle nous guette, nous écoute, l'enfant est à moitié vaincue.

— Tiens, regarde, la voilà, sylphide légère, qui glisse en ce moment le long de ce parterre de fleurs.

— Et qui se dirige vers la maison.

— Dont elle ouvre une petite porte.

— Ah! elle est entrée et disparue, quel malheur!

— Avis à toi, l'ami; une petite porte, un escalier secret qui sans doute va conduire en ce moment la jeune fille à sa chambrette; issue favorable à l'amour comme aux secrets entretiens. Ah! que de faveurs te sont promises, heureux coquin! si tu sais les mériter et les conquérir.

— Max, elle va peut-être revenir?

— Je ne pense pas.

— Ah! j'aperçois son ombre à travers les rideaux.

— Elle se dispose au repos, sans doute, car à ses mouvemens je devine qu'elle se déshabille; si nous allions en faire de même ?

— Attends encore un instant... Ah! plus d'espoir, elle vient d'éteindre sa lumière.

V.

INCIDENS DIVERS.

La nuit s'est écoulée, et le soleil, à son lever, a trouvé Henri dans le jardin, se promenant un livre à la main, devant le treillage de séparation et en face la bienheureuse fenêtre de la veille. Quoi! elle aussi est levée à cette heure, de si grand matin?

Sylvie ouvre sa croisée, s'appuie sur le

balcon, sans doute pour respirer l'air pur et l'arôme des fleurs. Les yeux de la jeune fille parcourent d'abord l'immense étendue de la campagne, puis ramenant leurs regards sur les jardins, puis sur celui où se promène le jeune homme, sur qui ils se fixent enfin. De là, un mutuel salut; Sylvie rougit alors, Henri se demande s'il ferait bien d'entamer la conversation. Non, la distance est trop grande, à moins d'escalader le treillage, nul moyen de s'entendre sans élever la voix, ce que décemment il ne peut se permettre.

— Voilà ce qui s'appelle savoir jouir de la campagne et profiter de ses charmes, dit Max, arrivant en robe-de-chambre, s'adressant à Henri qu'il félicite sur sa promenade matinale; puis, apercevant aussi Sylvie, il la salue à son tour d'une façon gracieuse, la jolie fille, après avoir répondu à cette politesse, se retire de la fenêtre, et disparaît aux yeux des deux amis.

— Elle va descendre, dit Max.

— Je n'ose l'espérer, répond Henri.

— En attendant, je te conseille de ne point quitter cette place, où nous allons nous faire servir à déjeûner.

— Y penses-tu, en plein soleil?

— C'est juste; alors, sous la tonnelle, où nous serons encore à même d'apercevoir notre colombe.

— La voilà, Max, s'écrie Henri qui vient d'apercevoir Sylvie dans le jardin.

— Quand je te disais qu'elle allait venir au devant de nos vœux; décidément la petite ne demande pas mieux que de faire connaissance.

— Je le conçois, car elle doit mourir d'ennui, ainsi isolée de toute société, répond Henri.

— Oh! ah! voici la mère qui la joint en cette avenue. Toutes deux s'avancent de notre côté; vite, allons à leur rencontre, en avant la politesse !

Et nos jeunes gens se dirigent au-devant de la grand'mère et la petite-fille.

— Votre santé, ce matin, mesdames?

— Parfaite, messieurs. Et comment avez-vous passé la nuit dans votre nouvelle demeure?

— On ne peut mieux, mesdames; à peine nous sommes-nous aperçus du changement de lit. Une seule chose nous a chagrinés à notre entrée dans votre charmant séjour, celle de ne pouvoir, pour notre début, saluer nos aimables propriétaires.

— Vous êtes infiniment polis, messieurs; mais hier, une affaire nous a retenue fort tard à Paris.

Tout cela se disait entre le treillage, les amis d'un côté et les dames de l'autre.

— Mais venez donc faire quelques tours dans notre jardin, messieurs.

En disant, madame Millet faisait jouer le verrou d'une petite porte, et donnait entrée chez elle à nos jeunes gens. Ils parcourent tous quatre le jardin; Max marche devant, près de la grand'mère dont il s'efforce de captiver l'attention par une conversation suivie, tandis que Henri, un peu plus loin, prête son aide à Sylvie, occupée à cueillir un bouquet pour son aïeule. Henri alors, d'un air timide, et envieux de mettre le moment à profit, contourne quelques phrases aimables, marche à son but, et la jolie fille de lui répondre par monosyllabe.

— Combien je dois me féliciter de l'heureux hasard qui m'a amené dans ce délicieux séjour pour y rencontrer ce que la nature a créée en vous de plus parfait! continue Henri avec émotion et douceur.

Sylvie répond avec modestie à ce compliment flatteur :

— Hier, sans votre présence, combien ces lieux perdaient de leurs charmes, qu'il me tardait d'y entrevoir votre gracieuse personne, d'y entendre les doux accens de votre voix.

— Suis-je digne, monsieur, d'une aussi délicate attention, et votre indulgence extrême ne vous prévient-elle pas un peu trop en ma faveur? fait entendre la jolie fille, dont en cet instant les joues sont animées du même éclat que les roses qu'elle tient à la main.

— Ah! croyez-en mon langage, et permettez qu'il vous peigne toute l'admiration que m'inspira à la première vue votre divine personne.

— Que ces violettes doubles sont belles! voyez, monsieur, dit Sylvie, se baissant pour cueillir une de ces fleurs, et sans doute aussi afin d'éviter de répondre aux paroles de Henri, et détourner le sujet de l'entretien.

— Oui, le symbole de l'amitié, que ne m'est-il permis de vous l'offrir, répond le jeune homme.

— Vous connaissez le langage des fleurs, monsieur?

— Quelque peu, mademoiselle.

— Laquelle apprécierez-vous le plus de ces deux fleurs? dit Sylvie à Henri, en lui indiquant une rose blanche de buisson près d'une autre fleur fort jolie.

— Ah! doutez-vous que ce ne soit celle-ci, répond le jeune homme en montrant la rose blanche.

— Comment, monsieur, méconnaître la pervenche, la favorite de Linnée, de Jean-Jacques! reprend la jolie fille avec feu.

— De toutes les fleurs du monde, répond Henri, je préfère la rose des champs, elle est parfaite et ignorée.

— Permettez, monsieur, que je sonde vos connaissances dans la langue de Flore, en vous priant de m'interpréter la réunion de ces deux fleurs, dit Sylvie en présentant au jeune homme une fleur de pêcher et une de sensitive.

— Constance et sensibilité, répond Henri.

— Très-bien; voyons maintenant quelle est cette fleur, demande de nouveau la jeune fille.

— La marguerite, symbole de tristesse.

— Hélas! oui, soupire Sylvie.

— Reprenez cette sensitive, symbole de la sensibilité de votre ame, et permettez que je conserve éternellement, dans cette fleur du pêcher, l'image de la constance que je jure à votre divine personne, murmure Henri en s'emparant doucement de la fleur qu'il désire, et que Sylvie tenait à la main; et cela, avant que la timide jeune fille ait osé prononcer un mot ou exprimer un refus.

— Ah! ah! un cours de botanique, à ce qu'il paraît, fait entendre la grand'maman qui vient de jeter un coup d'œil en arrière et d'apercevoir l'échange des fleurs.

— Oui, mademoiselle daignait me questionner, répond Henri.

— Et vous, de lui donner quelques instructions sur cette charmante science, reprend madame Millet.

— Que mademoiselle possède d'une manière supérieure à moi, répond Henri.

En causant ainsi, on était arrivé aux marches du pérystile de la maison, là devait se borner la promenade et l'entrevue de cette matinée, car, après quelques excuses, quelques mots aimables, madame Millet et Sylvie saluèrent les deux jeunes gens et rentrèrent chez elles.

— Et nous, allons déjeûner, fit entendre Max.

— Jamais nous ne pourrons tenir à une telle dépense, disait Henri en festoyant sous la tonnelle l'excellent déjeûner commandé par Max, et apporté par Pitou.

— Bah! va toujours, et ne t'inquiètes en aucune manière.

— C'est fort bien; mais le traiteur tardera peu à apporter sa carte, comment la payer alors, sans le sou dans notre bourse?

— Si nous buvions du champagne ce matin, qu'en dis-tu?

— Te moques-tu, de faire semblable demande en réponse à mon observation?

— Poltron! fait Max; puis, appelant Pitou, lui donne l'ordre d'aller chercher une bouteille d'Aï chez le restaurateur.

— Max, tu nous perds avec une telle prodigalité.

— Tu en verras bien d'autres, avant peu.

— Mais je ne te comprends pas ; veux-tu donc, imprudent, nous forcer et contraindre à fuir ce pays, criblés de dettes et déshonorés? et par tes coupables extravagances, me faire rougir au seul souvenir de Sylvie, devant qui je n'oserai reparaître?

— Bois, mange, fais l'amour, et encore une fois ne t'occupes pas du reste.

— Mais de l'argent, de l'argent ! malheureux !

— De l'argent ! fi donc ! de l'or, à la bonne heure; oui, de l'or, et dans dix jours je t'en chargerai cette table, tes poches et les miennes.

— Tu es fou !

— Des femmes et du champagne, c'est possible.

— As-tu donc quelques projets, quelques ressources que j'ignore?

— C'est possible.

— Alors, fais-m'en part, abrège l'affreuse inquiétude qui me dévore.

— Impossible, je veux garder mon secret, afin de mieux te surprendre; plus de questions et buvons.

— De grâce, Max, un mot, afin de calmer mes craintes.

— Rien, sinon que je t'engage à te fier à mon amitié, trop vive et trop sincère en ta faveur, pour oser te tromper et te mettre dans l'embarras.

— Puis-je donc me fier entièrement à toi ?

— Comme jadis, répond Max en pressant la main de Henri.

— Vive l'amour et le champagne, alors ! s'écrie Henri joyeusement.

— Et le tabac ! ajoute Max en bourrant son écume de mer.

La journée s'est écoulée, la musique, la promenade, la bonne chère, en ont fait les frais. La soirée promet d'être superbe. Les jeunes gens n'ont pas revu les dames depuis la matinée; c'est à l'étang qu'ils espèrent les rejoindre, que Henri compte sur un second entretien avec Sylvie, entretien charmant qu'il se promet de mettre à profit.

Ils partent; voici l'étang où les yeux des deux amis cherchent en vain la grand'-mère et sa petite-fille, où ils ne rencontrent qu'une famille parisienne terminant un festin sur l'herbe.

— Attendons, elles vont venir, nul doute! dit Henri.

Et les amis vont s'asseoir sur le tertre où, la veille, étaient placées celles qu'ils attendent et qu'ils désirent.

Fatiguées de repos, et stimulées par l'arrivée et la présence de Max, de Henri, les jeunes filles de la société parisienne se lèvent et proposent une ronde à leurs cavaliers, courteaux de boutiques occupés à boire et manger.

— Une ronde?.. Volontiers; et l'on se met en branle sans attendre les paresseux.

— Voilà d'assez gentils minois, si nous nous mêlions à leurs jeux? propose Max.

— Y penses-tu; si ces dames arrivaient?

répond Henri en retenant Max, déjà à plus de moitié relevé.

— Tu as raison ; mais, c'est dommage; il y a là une brunette que j'aimerais assez à égarer sous ces sombres avenues.

— Allons, paresseux ! venez donc danser avec nous, fait entendre une grosse maman assez fraîche, en s'adressant à un petit homme des plus laids.

— Non, non, merci, je suis trop fatigué, et ma goutte me tourmente ce soir, répond le monsieur.

— Comment, monsieur Boneau, si près de votre lit, vous craignez quelques pas de plus ?

— Savez-vous, mes poulettes, que ce matin je suis revenu à pied de Paris à Ville-d'Avray; Bichet, mon beau-frère, m'ayant fait manquer la voiture de sept heures, et ayant affaire ici à neuf.

— Boneau, Bichet! mais tu es ici en connaissance, Max.

— Oui, c'est ce dont je m'aperçois ; et comme il est des plus important que je fasse connaissance avec ce respectable courteau, qui a nom Boneau, je veux profiter de la circonstance qui me l'envoie si à propos.

Cela dit, Max se lève, et, s'approchant du groupe au grand étonnement des danseurs, le jeune homme, s'adressant au receveur des contributions, assis à terre et en train en ce moment de porter le verre à sa bouche.

— C'est, je crois, à M. Boneau que j'ai l'avantage de parler en ce moment?

— Lui-même, monsieur, répond le petit homme d'un air surpris.

— Vous me permettrez, sans doute, monsieur, de m'informer près de vous de la santé de madame Bichet, votre aimable belle-sœur, à qui j'ai eu l'honneur de faire hier ma visite en qualité d'ami de la maison, et de parrain futur du nouveau-né?

— Et quoi! seriez-vous M. Max de Maineville, l'agent de change dont ma femme, mon beau-frère et ma belle-sœur n'ont cessé de m'entretenir, en me vantant les nombreuses qualités et son excessive amabilité?

— Oui, monsieur, Max de Maineville, l'agent de change.

— Un agent de change; hum! c'est un homme comme il faut.

Ce bruit circule aussitôt dans la société, et la ronde cesse, afin de prêter plus d'attention aux gestes et paroles de l'important personnage.

— Enchanté, monsieur, de pouvoir faire votre aimable connaissance; oui, monsieur, Rose, ma jeune et tendre épouse, m'a longuement entretenu de vous; vous ne sauriez croire combien elle est flattée de vous avoir pour compère. Excusez-moi de n'être pas libre de vous conduire tout de suite à ma demeure, afin de vous y recevoir avec tous les égards dus à une personne de votre rang; mais ces bons amis sont venus passer une journée à la campagne et m'inviter à partager leur dîner, leurs jeux champêtres; enfin, ce qui est différé n'est point perdu, et j'espère bien, monsieur, qu'habitant le même pays, vous nous procurerez souvent, très souvent même, l'honneur de votre visite. Donnez-vous donc la peine de vous asseoir parmi nous, ainsi que monsieur qui, sans doute, est votre ami, et dont ma jeune épouse m'a de même beaucoup entretenu. Tenez, messieurs, sans façon, voilà ma redingotte, asseyez-vous dessus, et veuillez accepter quelques rafraîchissemens.

— Merci, merci, mon cher monsieur Boneau, que notre présence ne trouble nullement les jeux de votre aimable société, qui déjà a suspendu ses danses à notre approche, répond Max aux nombreuses paroles du receveur.

— Du tout, vous ne dérangez personne, au contraire, c'est infiniment d'honneur que vous nous faites.

— Ces messieurs voudraient-ils accepter un verre de vin ? fait entendre un gros monsieur, doyen de la société.

— Et une croute de ce pâté? dit une vieille petite femme.

— Absolument rien, car nous sortons de table à l'instant.

— Ah! si nous avions la goutte, nous pourrions l'offrir à ces messieurs : un petit verre s'accepte à toute heure, dit gracieusement une espèce de garçon épicier aux mains rouges et cagneuses.

— Rien, merci.

— Du moins, messieurs, asseyez-vous.

— Impossible, en cet instant nous attendons deux personnes qui ne peuvent tarder à venir.

— Eh bien ! elles seront des nôtres.

— De grâce, veuillez excuser nos refus, répond Henri, déjà fatigué de la société de ces gens, autant que de leurs généreuses importunités.

Les offres cessent alors.

— Ils sont fiers, circule de bouche en bouche.

— Ah dam! des agens de change, ce n'est pas de la petite bière.

Max, afin de donner un démenti à cette accusation, passe sans façon son bras sous celui de M. Boneau, que cette familiarité enfle d'orgueil, et dont le visage devient rouge comme un coq de bruyère. Tous deux se promènent autour des danseurs qui ont repris la ronde, puis vont et viennent d'un groupe à l'autre, tandis que Henri, resté près des papas et des mamans, écoute le langage d'une petite femme maigre et jaune, qui, en ce moment, vante avec orgueil l'économie établie par elle dans son ménage, et se flatte de tirer deux gilets pour ses enfans dans un fond de culotte à son mari.

— Vous ne sauriez croire combien je suis enchanté que le hasard m'ait procuré la connaissance d'une famille aussi intéressante que la vôtre, mon cher Boneau.

— Tout l'honneur et l'avantage sont pour nous, M. Max de Maineville.

— J'espère bien que vous ne me refuserez pas votre estime et amitié, et qu'entre nous ce sera à la vie et à la mort.

— L'une et l'autre vous sont acquises, et je ne sais comment reconnaître vos aimables procédés.

— Vous avez une femme bien intéressante, mon cher Boneau.

— N'est-ce pas! et vertueuse donc ! Oh! c'est un dragon de vertu.

— Et qui vous aime, mon cher.

— Étonnemment.

— Ce voyage de Ville-d'Avray à Paris, que je fis dernièrement avec elle, ce soir où elle manqua de ne point avoir de place, se passa entièrement à parler de vous; enfin c'est en écoutant votre épouse vanter si fort votre mérite, vos brillantes qualités, votre esprit fin et subtil, que je conçus le désir de faire votre connaissance, de devenir un ami de votre maison.

— Heureuse idée que vous avez eu là, et de laquelle, je pense, vous n'avez nul regret, car ma jeune épouse, par ses graces, son enjouement, rend notre ménage d'une gaîté parfaite.

— Je n'ai nulle peine à le croire.

Ainsi causaient les nouveaux amis en se promenant bras dessus bras dessous autour de l'étang, et près de rejoindre la société.

— Quelle est donc cette gentille brunette qui, coiffée de ce coquet bonnet rose, se défend en ce moment contre les agaceries de ce petit monsieur en pantalon de nankin? demande Max.

— Ah ! madame Leblanc.

— Quoi ! cet enfant est déjà femme?

— Depuis un an c'est l'épouse d'un commis à cheval des droits réunis.

— Son mari est-il présent?

— Non; une mission de l'administration le retient à Nantes, où il est depuis six semaines.

— L'insensé ! s'éloigner d'une si jolie femme.

— Oh ! il n'y a nul danger pour son honneur; Virginie est la sagesse même, le tome deux de ma Rose.

— Elle habite Paris?

— Oui, rue du Four-Saint-Germain, n° 4, où, seule dans son petit ménage, elle attend en soupirant le retour de son tourtereau d'époux.

— Pauvre petite! Ah ça, nous allons avoir

un baptême à célébrer bientôt, ajoute Max, suffisamment instruit de ce qu'il désirait savoir, et voulant donner un autre cours à la conversation.

— Et un superbe encore, où nous aurons toutes les joies possibles, aux préparatifs duquel je travaille déjà depuis huit jours, comptant vous ménager une surprise des plus agréables.

— De votre part, mon cher Boneau, on ne peut attendre que de ces choses-là.

— Bien honnête, en vérité.

— Ah ça, quand revient votre charmante épouse? je brûle du désir de lui présenter mes respects, de faire avec elle plus ample connaissance.

— Demain matin, malgré les prières de sa sœur, car la chère amie ne peut vivre deux jours éloignée de moi, c'est plus fort qu'elle. Oh! cette femme-là m'adore! D'ailleurs, mariage d'inclination de part et d'autre, c'est tout vous dire.

En cet instant, l'entretien fut interrompu par la grosse maman qui accourait vitement, afin d'inviter M. Boneau à venir avec elle faire un tour dans le bois, où elle craignait de s'aventurer seule.

— Vous le voyez : enfant chéri des dames, dit à Max et d'un air conquérant M. Boneau, en se laissant entraîner par la trop folâtre dame qui, en l'entraînant, sautillait sur le gazon en dépit de son poids de deux cent quarante livres.

Max voit avec plaisir s'éloigner le receveur des contributions, près de qui il a suffisamment joué son rôle, puis s'avance à la rencontre de Henri, qui venait à lui.

— Elles ne viennent pas; je suis sur des épines.

— Franchement, il y a peu d'espoir qu'elles viennent promener à cette heure, car la nuit est proche, répond Max à son ami.

— Rentrons, alors, peut-être un hasard propice nous favorisera de leur rencontre.

— Pas de gêne ; rentre si cela te plaît; quant à moi, quelque chose me retient encore quelques instants.

— Parmi ces buses?

— Oui, parmi ces buses où il se trouve un mari à captiver, une jolie femme à séduire.

— Quoi, encore une nouvelle conquête?

— Hélas! oui; ces femmes ont tant d'empire sur mon cœur.

— Ainsi, tu m'abandonnes?

— N'es-tu pas assez fort pour te conduire seul, et tenir tête à deux femmes, sans avoir continuellement besoin d'un auxiliaire.

— Que veux-tu? cela me donne plus d'aplomb.

— Enfant! allons, du courage, cours où l'amour t'appelle, et je m'engage à te rejoindre bientôt.

Henri salue la société et disparaît aussitôt.

— Voilà la nuit; il faut partir, font entendre les papas et les mamans.

— Encore une ronde; oui, encore une ronde, répondent en masse filles et garçons.

— Et chacun se reprend la main, et

monsieur l'agent de change, à la grande surprise et satisfaction de la bande, se décide à prendre part aux jeux, et à présenter également sa main à madame Leblanc, la jolie brunette au bonnet rose. On danse, on chante, on tourne d'abord doucement, puis plus vite, puis le mouvement de rotation devient d'une telle force que le rond se brise, et tourtereaux et fillettes vont rouler sur l'herbe, au bruit de nombreux éclats de rire.

Mais Max a retenu sa partner, lui a évité une chute ignoble, dont elle le remercie sans penser à retirer sa main que Max tient dans la sienne, et qu'il presse avec force et tendresse.

— Partons donc, s'écrient les perruques.

— Où donc est madame Vignoux?

— Et monsieur Boneau?

— Dans le bois.

— Appelez-les.

— Ils ne répondent pas, allons à leur recherche.

— Non, mesdames; il fait trop noir sous

ces arbres, vous vous y égarerez, crie une vieille femme.

— Il n'y a pas de danger.

Et chacun prend sa chacune, puis on coure en foule sous les ombreuses avenues.

Et Max? Max, il court plus vite que les autres, entraînant madame Leblanc, dont il s'est emparé du bras, et qui, sans mot dire, d'un air tout-à-fait résolu, se laisse faire cette innocente violence.

— Mais, monsieur, où allons-nous donc? il fait bien noir ici?

— A la recherche de cet excellent M. Boneau et de sa compagne, répond Max à la jeune femme.

— Impossible que madame Vignoux et lui se soient tant éloignés.

— Pourquoi pas? Venez toujours; à nous l'honneur de les retrouver; aussi bien, je crois au loin entendre le bruit de leurs pas.

— Mais non, je n'entends rien, pas même le bruit de notre société, nous nous sommes trop éloignés, j'ai peur ici, retournons.

— Peur près de celui qui donnerait sa vie pour vous secourir et défendre.

— Que feriez-vous sans arme contre des voleurs?

— Il n'y en a point ici, mais bien une jolie femme et un homme amoureux de ses charmes.

— Vous êtes poli, monsieur..

— Et vous adorable.

— Que faites-vous donc? ôtez votre bras.

— C'est pour protéger votre marche à travers ces taillis.

— Mon Dieu! mais voilà la nuit close; retournons, je vous prie.

— C'est ce que nous faisons.

— Cependant je ne reconnais pas ce chemin.

— Celui-ci est beaucoup plus court.

— Oh ciel! que vont-ils dire de notre absence.

— Que le zèle de l'amitié nous a emporté trop loin.

— Eh bien, monsieur, soyez donc honnête; est-ce que l'on se permet d'embrasser ainsi une femme que l'on connaît à peine.

— Pourquoi pas, quand elle est jolie?

— Mais cela est fort mal... quoi, encore?

— Afin de faire connaissance.

— Haïe! haïe! que je viens de me faire mal au pied après une racine.

— Pauvre petite! reposez-vous un instant, dit Max en soutenant la jeune femme, qui se frotte le pied.

— Quelle idée aussi de m'emmener la nuit dans ce bois.

— A vous la faute; vous si jolie et qui me faites perdre la tête.

— Quel conteur vous faites, allez! Mon Dieu, que le pied me fait donc mal.

— Asseyons-nous, vous dis-je.

— Non pas! l'herbe est trop mouillée, et j'ai trop peur ici. Appelez, monsieur, je vous en prie; appelez, qu'on sache au moins où nous sommes.

— A quoi bon! ils ne nous entendraient pas.

— Ah! que c'est maladroit à vous de m'avoir mené si loin.

— Que n'aurais-je pas fait pour vous posséder long-temps sans témoin.

— Comment, vous l'avez fait exprès?

— Hélas! oui, parce que je vous aime, et que je sentais le besoin de vous le répéter mille fois.

— Bah! est-ce qu'on aime comme ça les gens de prime-abord et sans les connaître.

— Oui, puisque l'amour entre par les yeux pour aller au cœur.

— Oh! alors, celui que je vous inspire, dites-vous, ne doit pas avoir encore eu le temps de faire ce trajet.

— Pardonnez-moi, il est déjà tellement maître de mon ame, qu'il me serait impossible de l'en arracher maintenant.

— Je ne vous crois pas; marchons; cela

vaudra beaucoup mieux que de mentir ainsi que vous le faites.

— Mais, vous souffrez encore, vous boitez, même.

— Cela ne sera rien ; allons plus vite, je vous prie, car je crains la médisance.

— Il vaut mieux laisser parler le monde que de s'estropier.

— Je ne dis pas cela, car il est si méchant, ce monde !

— Permettez donc que, par égard pour vos pieds mignons, je vous porte dans mes bras.

— Par exemple ! non, laissez, laissez-moi.

— Quelle taille divine ! un baiser, hein ?

— Non, vous êtes trop mauvais sujet.

— Je vaux mieux que vous ne le pensez.

— La preuve ?

— Consentez à me recevoir chez vous, et je vous la donnerai.

— Chez moi ; allons donc, je ne reçois pas de messieurs en l'absence de mon mari.

— Pourquoi ?

— Parce que s'il le savait il serait fort mécontent.

— Qui l'en instruira?

— Les mauvaises langues.

— Mais le soir, en cachette et sans bruit?

— Non, vous dis-je.

— Je vous déplais donc bien?

— Je ne dis pas cela.

— Alors, consentez donc à me recevoir.

— Cela ne se peut pas.

— Il faut que cela soit, cependant.

— Ah! qui m'y forcera?

— Moi.

— De quel droit?

— Celui de l'amour que vous m'inspirez.

— Je n'y crois pas, encore une fois.

— En voulez-vous des preuves?

— Comment?

— Mille baisers, et le serment d'être toujours fidèle.

En disant, Max pressait la jeune femme sur son sein, et malgré sa résistance, couvrait ses lèvres de caresses amoureuses.

— Je vous en prie, finissez.

Et malgré ces mots, Max continue d'affaiblir la résistance en comprimant des mains, des bras qui s'efforcent d'arrêter son ardeur, puis la belle, molle, tremblante et suppliante, sent ses jambes fléchir sous elle, le jeune homme qui pressent son triomphe, aide à la chûte, puis tous deux tombent, non sur le gazon, mais bien sur M. Boneau qui, apparemment pour garantir madame Vignoux, se trouvait placé sur elle en cet instant.

— Qui est là? Prenez donc garde! s'écrie M. Boneau.

— Grâce, messieurs, fait entendre la grosse dame.

— Des voleurs! exclame avec effroi madame Leblanc qui, se dégageant des bras de Max et se relevant précipitamment, se jette tout effrayée dans le plus épais du taillis.

— Où êtes-vous donc? demandait Max qui avait suivi la jeune femme en se dirigeant du côté où s'était fait entendre le frôlement de sa robe. Pas de réponse; Max, inquiet, appelle, cherche, fait mains détours, rien ; plus d'espoir.

— Elle se sera égarée. Pauvre petite! que va-t-elle devenir? retrouvera-t-elle son chemin, à cette heure, dans un bois? Elle est capable d'en mourir de frayeur.

Encore de nouvelles recherches, toujours infructueuses, puis des cris :

— Holà! les autres.

— Haé! haé!

Max se dirige de ce côté; découvre à travers les arbres les eaux de l'étang, que la lune en ce moment éclairait de ses rayons. Encore quelques pas, et le jeune homme a rejoint la société parmi laquelle, avec satisfaction, il aperçoit madame Leblanc, et à quelque distance M. Boneau et madame Vignoux qui s'en revenaient à grands pas.

— S'il y a le sens commun de se faire attendre ainsi, nous ne serons pas à minuit à Paris, murmure les vénérables.

Puis les jeunes gens se mettent à sourire.

Max s'approche de madame Leblanc, et lui fait part de l'inquiétude dans laquelle sa disparition l'a plongée; et la jeune femme à ces mots sourit avec malice.

— A bientôt et à Paris.

— Je vous le défends. D'ailleurs, cherchez mon adresse, répond la jolie femme tout bas.

— L'amour me guidera.

— Méfiez-vous, je viens de m'apercevoir tout-à-l'heure que c'est un fort mauvais guide.

— En voiture! en voiture, hâtons-nous! il est tard.

Et la voiture, dite tapissière, s'avance et reçoit la société entière dans son sein, excepté M. Boneau, domicilié ainsi que Max dans le pays.

— Adieu, au revoir; nos amitiés à madame Boneau.

— Venez-nous voir lorsque vous viendrez à Paris.

— Adieu, monsieur, enchanté d'avoir fait votre connaissance.

— Moi de même.

Et la voiture se démarre et emporte la cargaison.

— J'espère, monsieur Max, que vous ne refuserez pas de me faire le plaisir de m'accompagner jusque chez moi, afin de m'y aider à déguster une vieille bouteille de bordeaux que je réserve depuis long-temps pour une bonne occasion.

— J'accepte avec plaisir; cependant un ami réclame en ce moment mes services; vous me permettrez donc de ne vous consacrer que quelques instants, dans l'espérance de me dédommager amplement une autre fois, en vous consacrant plus de temps.

— A votre aise, mon jeune ami ; car vous me permettrez de vous désigner ainsi, n'est-ce pas?

— C'est me faire honneur et plaisir.

Une jolie maison, entourée de jardins, un mobilier d'un mauvais goût, mais d'une extrême propreté, telle se compose la demeure de M. Boncau; plus, petit salon au rez-de-chaussée, un guéridon près de la fenêtre donnant sur le jardin, puis une bouteille à long bouchon, deux verres à pattes en cristal, et deux hommes qui boivent et qui causent.

— Je vous dis, mon cher Boneau, que vous êtes un séducteur, un libertin.

— Eh bien! oui, j'en conviens, c'est plus fort que moi; ensuite, je ne sais comment je m'y prends, mais les femmes raffolent de moi; enfin je n'en manque pas une, répond M. Boneau aux accusations de Max, et cela, en affectant un air conquérant qui le rend encore plus laid.

— Scélérat! vous ne vous attendiez pas à être pris sur le fait?

— Comment, c'était vous? vous pouvez vous vanter alors d'avoir fait une fameuse frayeur à madame Vignoux. Mais que faisiez vous donc lorsque vous tombâtes sur nous?

— Je cherchais mon chemin, m'étant égaré à la poursuite d'une de ces dames.

— Que vous n'eussiez pas été fâché du tout d'avoir pour compagne dans votre chûte.

— Vous êtes un mauvais sujet, et si madame Boneau apprenait votre conduite !

— Je serais perdu, mon jeune ami, car ma jeune épouse est d'une susceptibilité ridicule sur les mœurs, et, comme je vous le dis, il ne serait pas bon qu'il lui vînt à l'oreille que je suis le coq de ce village.

— Donc, vous me permettrez de plaindre les pauvres époux.

— Franchement, je suis leur effroi, leur cauchemar.

— Les malheureux !

— Ne dites rien, et je promets de vous mettre de moitié dans quelques parties fines.

— Merci, merci, mon cher Boneau ; car je respecte les femmes, mais voilà tout.

— Par exemple ! comment, vous ne leur faites jamais votre cour ?

— Des politesses, toujours.

—Ah ça, mais, pourquoi cela ? c'est si joli, une femme.

— Est-ce ma faute à moi, si mes sens et mon cœur ne me disent rien en leur faveur ?

— Ma foi ! je ne vous comprends pas ; car, moi, je me ferais pendre pour un de leurs regards.

— Folie ! répond Max flegmatiquement.

— Allons, vous êtes, je le vois, un être nul en fait de plaisirs amoureux.

— Hélas !

— Pourquoi ce soupir ?

— Parce que j'envie votre sort.

— Qui vous empêche de m'imiter, de faire des maîtresses ?

— Un obstacle invincible !

— Ah ! mon Dieu ! est-ce que vous seriez ?...

— Ce qu'on nomme un castra.

— Pas possible ! s'écrie M. Boneau avec surprise, et en ouvrant ses yeux le plus grand possible. Comment cela se fait-il ? Qui vous a réduit à cet affreux état ?

— Une vengeance de femme, une maîtresse italienne.

— Par jalousie, n'est-ce pas ?

— Comme vous dites.

— La scélérate !

— De grâce! silence sur tout cela, mon cher Boneau.

— Oh! soyez parfaitement tranquille. Cependant, vous paraissez excessivement aimable auprès des femmes.

— C'est à quoi je m'efforce, afin d'éloigner tout soupçon.

— Pauvre garçon! moi qui lui vantait les délices de l'amour.

Encore un moment d'entretien, et Max, quitte le receveur des contributions, emportant sa confiance, son estime, et l'invitation de fréquenter sa demeure le plus souvent possible.

C'est vers sa demeure qu'il dirige aussitôt ses pas à travers les ténèbres qui règnent dans le village, et en écoutant l'horloge de l'église frapper la douzième heure de la nuit.

Il arrive, voilà la grille de la maison, elle est ouverte, mais cette entrée n'est pas la sienne; cependant elle raccourcirait son chemin, moyennant l'escalade du treillage qui sépare les deux jardins. Oui, mais il serait inconvenant de pénétrer à cette heure et sans permission dans la propriété d'autrui; et tandis que Max fait ces réflexions, ses yeux qui plongent dans la cour à travers la grille, aperçoivent des lumières dans le salon de madame Millet, plus une voiture à deux chevaux arrêtée devant le pérystile.

— Sans doute le visiteur mystérieux dont m'a parlé Rose, se dit Max. Ah! si en me faufilant je pouvais apercevoir cet homme et juger, par ses adieux, du degré d'intimité qui existe entre ces femmes et lui. Essayons!

Et cela conçu, le jeune homme pousse la grille, et se faufile doucement, doucement entre les murailles et les caisses de fleurs qui la garnissent, en s'avançant le plus près possible de l'entrée de la maison, et cela, sans trahir sa présence aux valets qui ensemble jasent et plaisantent sur les marches du vestibule.

Max essaye d'atteindre et de se blottir derrière la caisse d'un oranger, car de là, ses yeux pourront tout voir, ses oreilles tout entendre. Oh! surprise, la place est déjà prise, ce dont s'aperçoit Max, en venant se jeter sur un individu silencieux et caché entre le mur et l'oranger.

— Qui va là ?

— Serait-ce toi, Henri ?

— Moi-même !

— A ce qu'il paraît nous avons eu tous deux la même pensée et atteint le même but, répond Max.

— Je veux connaître cet homme, essayer à saisir quelques mots qui me mettent au fait...

— Telle est aussi mon intention.

— Bravo! quatre oreilles valent mieux que deux pour entendre ; dis-moi, ce soir as-tu vu Sylvie ?

— Un seul instant, à travers sa fenêtre, où elle écoutait les sons de mon instrument.

— Sa mère et elle ne sont donc pas descendues au jardin ?

— Non, la visite de cet homme les en a sans doute empêché.

— Voilà un visiteur bien indiscret de rester chez des femmes à une heure aussi indue.

— Il faut vraiment que ce personnage ait quelques droits sur la mère et la fille pour en agir ainsi sans façon, murmure Henri.

— Un soupirant de la petite, son amant peut-être ?

— Fi donc ! peux-tu avoir de telles pensées.

— Dam ! mon cher, les mœurs sont tellement corrompues dans ce siècle, qu'il est peu rare de voir des mères vivre et briller aux dépens de la beauté et des caresses de leurs filles.

— D'accord, mais ici il n'y a que honnêteté et candeur.

— Je pense de même et cependant...

— Silence ! j'entends du bruit dans l'escalier, regardons et écoutons, dit Henri interrompant Max.

Le cocher remonte sur son siége, le valet ouvre la portière du riche équipage.

Madame Millet, Sylvie, cette dernière le bras passé sous celui d'un homme d'une cinquantaine d'années, à l'air respectable, à la démarche noble, descendent les marches du pérystile, précédés d'une femme de chambre, un flambeau à la main.

— Bonsoir, rentrez, l'air est humide ce soir.

Et Sylvie recevait un baiser de l'étranger sur qui elle tenait sa jolie tête penchée.

— Quand vous reverrons-nous, mon ami ? fait entendre madame Millet.

— Dans quelques jours, le plus tôt possible.

— De grâce, mon ami, ne restez pas sans venir nous faire visite, autant de temps qu'il vient de s'en écouler.

Cette fois c'était la voix de la jeune fille.

— Non, ma toute chérie, excuse mes longues absences et n'accuse que mes nombreuses et importantes affaires, de ces retards dont mon cœur souffre loin de toi.

Puis encore un baiser donné par l'étranger, rendu par Sylvie, dont la vue et le bruit font frémir Henri d'impatience et de jalousie.

— Bonsoir, bonsoir! à bientôt.

Et ces paroles dites, le monsieur monte en voiture, la portière se ferme sur lui, Sylvie lui envoie un dernier baiser de la main, puis le cocher fouette, les chevaux qui emportent la voiture, alors les deux dames de rentrer.

Les portes se ferment, les lumières disparaissent, l'obscurité reprend son empire; Max et Henri quittent leur cachette et se dirigent en silence vers le bout du jardin, dont ils escaladent le treillage. C'est sous la tonnelle de chèvrefeuille que les amis vont se reposer; sous la tonnelle, d'où les regards de Henri se fixent sur la fenêtre de Sylvie, dont cette fois encore ils aperçoivent aller, venir et s'agiter l'ombre de la jolie fille.

— Eh bien ! qu'en dis-tu ? fait entendre Max, en arrachant son ami à sa contemplation.

— De quoi ?

— Parbleu ! de l'inconnu.

— Qu'il ne peut être son amant, cet homme est trop âgé.

— Ce n'est pas une raison, la fortune souvent égalise les âges ou fait taire le dégoût chez une jeune femme en faveur d'un vieux libertin.

— Ceci annoncerait chez Sylvie une corruption que sa pudeur dément ; cet homme est tout simplement un ancien ami de la famille, un tuteur, peut-être.

— C'est possible ; mais à des amis ou tuteur on ne donne ni n'envoie de si tendres baisers.

— Tais-toi, Max, ne me rappelle pas ces odieuses caresses, dont le souvenir seul fait bouillir mon sang de colère et de jalousie ; bientôt, j'espère, il nous sera permis de dévoiler ce mystère, de connaître les droits de cet homme à de si douces caresses.

— C'est cela, attendons, pour juger et connaître, et surtout tâchons d'aller plus vite, car jusqu'alors rien de bien merveilleux en fait de progrès, dans cette intrigue amoureuse.

— Cependant, l'attention que me témoigne Sylvie, cette persévérance à guetter mes actions, à écouter le son de nos instrumens, sont d'une augure favorable.

— Certainement, la petite en tient déjà et ne demande pas mieux que de s'en laisser compter, c'est donc à toi de profiter de ses heureuses dispositions, à provoquer les entrevues, à les mettre à profit, à brusquer la déclaration enfin. Pense, qu'une fois que vous vous entendrez, les choses iront un train d'enfer; alors, les rendez-vous nocturnes, les sermens, les caresses, puis la séduction, la grossesse, puis la demande en mariage : mais, pour atteindre ce but et hâter la marche du roman, il ne suffit pas d'une intrigue aux fenêtres, la distance est trop grande et le vent attiédit le langage d'amour durant ce long trajet, c'est en la tenant sur son cœur, en l'entourant de ses bras, en caressant sa douce chevelure de ses lèvres amoureuses qu'un amant fait aisément pénétrer l'amour qu'il ressent dans l'ame d'une jolie femme.

— Oui, ce que tu dis est vrai, il faut pour bien se comprendre, et partager une passion, que le cœur d'une femme compte les pulsations du nôtre, que la chaleur de notre sang enflamme le sien, que nos caresses éveillent ses sens, troublent sa raison, mais pour atteindre cette délicieuse position, il faut avant que le hasard nous ait été propice, et jusqu'alors ai-je pu sans contrainte murmurer une parole d'amour aux oreilles de cette jolie fille?

— D'accord! mais si sa présence ne vient plus souvent favoriser nos desseins et nos vœux, il faudra pourtant appeler la ruse et l'audace à notre aide, et en cela, seconder les vœux de deux amans qui ne demandent pas mieux que de s'entendre.

— Quel moyen employer alors ? demande Henri.

— Attendre la journée de demain, qui peut nous être des plus favorables, soit par quelques causeries dans ces jardins, ou une rencontre à l'étang, en cas contraire, il faudra adresser à Sylvie un billet doux bien tendre, tout brûlant d'amour et de beaux sentimens, le lui faire parvenir par sa fenêtre, en attendre la réponse, ou aller le soir, à cette heure par exemple, la chercher toi-même en te faufilant sans bruit, et par cet escalier dérobé, jusqu'à la chambrette de la jolie fille.

— Y penses-tu, de croire qu'elle me recevrait ?

— Sans nul doute, parce que ton billet amoureux aura plongé la jolie fille dans un doux émoi, et produit en elle l'effet de l'étincelle électrique, disposé son ame en ta faveur, plus, qu'en grattant à sa porte; tu mêleras à tes prières le tendre langage d'un amant passionné, en ayant soin de lui faire entendre que le refus de t'admettre près d'elle te donnera la mort.

— Très bien, mais ni toi ni moi ne connaissons la topographie des lieux, et si près de la chambre de Sylvie se trouvait celle de madame Millet et que toutes ces paroles parvinssent à l'oreille de cette dernière ?

— Sois sans crainte de ce côté, car une pièce, servant de petit salon, sépare la chambre à coucher de la jeune fille de celle de la grand'mère, ainsi me l'a expliqué Pitou, ce matin même en répondant aux renseignemens que je provoquais de sa causeuse personne.

— C'est égal ! ces moyens sont extrêmes, et en les employant, un obstacle imprévu peut se présenter et ruiner tout d'un coup mon amour et mes espérances.

— Aimes-tu mieux attendre tout d'un hasard qui peut ne se présenter jamais ! Allons ! du courage, car celui qui tremble est à moitié vaincu, suis mes conseils en m'acceptant pour auxiliaire et tout réussira au gré de tes désirs.

— Laissons donc à la journée de demain le soin de mûrir nos projets.

— C'est cela même, et de plus, allons-nous coucher.

VI.

LE DÉJEUNER. — EXPÉDIENT POUR INSPIRER LA CONFIANCE A UN MARI.

— Rien! rien encore ce matin, disait Henri à Max et d'un ton désespéré, après avoir passé une grande partie de la matinée à se promener et fredonner dans le jardin.

— Décidément! la grand'maman fait peu

de cas de notre connaissance, répondait Max.

— Conçois-tu qu'elle n'ait seulement pas paru à sa croisée ?

— Je conçois que c'est humiliant, très humiliant, et qu'il nous faut leur faire payer cher ce superbe dédain de notre personne.

— Ah ! si nous étions en fonds, que j'aurais plus de hardiesse !

— Comment cela ?

— Nous donnerions des fêtes, des bals, des promenades en calèche dans les bois, le soir, aux flambeaux, nous inviterions la mère et la fille à tout cela, je trouverais mi le occasions d'entretenir Sylvie, de lui parler d'amour et de profiter de l'ivresse d'un moment de fête et de plaisir, pour m'assurer la possession de ses divins attraits.

— Eh bien ! que ne parlais-tu, tout cela est très faisable et d'un très bon augure ; oui, l'idée est excellente, le moyen aussi adroit qu'infaillible, employons-le.

— Max, as-tu bientôt fini de te railler de moi ?

— Me railler! pas le moins du monde, seulement, je te demande dix jours avant de rompre la monotonie de notre existence actuelle et de commencer nos joyeuses fêtes.

— Max, explique-toi, de grâce; as-tu donc quelques riches ressources que j'ignore.

— Cela se pourrait! quand cela ne serait que la réponse aux lettres adressées par nous à nos nobles et généreux parens.

— Oui, quelques cents francs, envoyés de mauvaise grace et accompagnés d'un *in-octavo* de mercuriales.

— Console-toi, mon cher Henri, et sur ma parole, livre-toi à de plus vastes espérances; oui, nous donnerons des fêtes, des festins splendides, des courses aux flambeaux, nous éblouirons, bouleverserons, captiverons, subjuguerons, et tout cela dans dix jours.

— Au nom du ciel! avec quoi? daigne au moins t'expliquer.

— Non, pas encore, mais bien le jour où la réussite, ayant couronné l'œuvre, il me sera permis de faire briller l'or et l'argent à tes yeux éblouis.

— Messieurs, voilà le restaurateur qui vous apportons la carte de votre dépense, fait entendre Pitou, venant interrompre la conversation des jeunes gens.

— Où est-il, ce traiteur incivil? demande Max avec hauteur.

— Dans l'antichambre, où il attendons son argent.

— Dites-lui, Pitou, que nous ne payons qu'à la quinzaine, et qu'il rende grâce à l'excellence de sa cuisine, si, pour oser apporter son mémoire sans notre ordre nous ne lui retirons pas notre pratique à l'instant même; allez, Pitou, et que cet homme remporte sa carte pour ne revenir que dans onze jours.

Le jardinier se retire, va porter au traiteur la réponse de ces messieurs, en ajoutant qu'il répond de leur dépense comme si c'était sa propre dette.

— Pitou, qu'a dit cet homme?

— Qu'à l'avenir il se conformerait à votre volonté.

— Très bien!

— Pitou, comment se portent vos maîtresses? demande Henri.

— Pas mal, à ce que j'avons cru nous apercevoir à ce matin en les voyant partir de dessus leurs ânes pour se promener dans les bois.

— Comment, ces dames sont depuis ce matin dans le bois?

— Comme je le vous disons, et même qu'a devions déjeûner cheux le garde du bois de Viroflay.

— Pitou, y a-t-il moyen de se procurer des chevaux passables en ce pays?

Et sur la réponse affirmative du jardinier, les amis s'informent de l'endroit et s'y rendent. Une demi-heure et ils sont à cheval, courant le bois, se dirigeant vers la demeure du garde indiqué. Ils approchent, la voix de Sylvie se fait entendre, elle rit, parle à sa grand'mère, où sont-elles donc? Les voilà, au détour d'une avenue, les amis viennent de les apercevoir, montée chacune sur un âne; elles viennent à eux.

Sylvie a reconnu les jeunes gens, elle les montre à madame Millet, puis elle rougit, parce que Henri vient de la saluer.

— Quelle heureuse rencontre, mesdames, fait entendre Max.

Puis les montures s'arrêtent, l'entretien commence.

— Où donc allez-vous ainsi, messieurs? commence madame Millet.

— Chercher un déjeûner sous ces ombrages épais, à la porte de quelque garde hospitalier, dit Max, et cependant Henri et lui sortaient de table.

— Notre intention est la même, reprend la grand'maman.

— Seriez-vous assez iudulgentes, mesdames, pour daigner nous admettre en votre société et partager avec nous votre champêtre repas? demande Henri.

— Certainement, messieurs, la partie n'en sera que plus agréable pour nous.

A cette réponse, le cœur de Henri bondit de joie, et Sylvie rougit encore plus; est-ce bonheur!

— Plus familières que nous dans ces parages, veuillez donc être nos pilotes, dit Max.

— Volontiers, mais quelques tours encore dans le bois, nous disposeraient on ne peut mieux pour le déjeûner.

— Mon ami et moi, sommes entièrement de votre avis.

Et la cavalcade reprend sa marche, les messieurs réglant le pas de leurs coursiers à la lenteur des montures des deux femmes; puis, Max, fidèle à la coutume qui s'empare de madame Millet et lui entame un conte aussi long que ceux des *Mille et une Nuits*, tout en s'arrangeant de manière à faire filer l'âne de Sylvie derrière celui de la grand'maman. Alors, Henri de commencer aussi la conversation par s'informer de la santé de la jolie fille, puis se plaint de ne l'avoir pas rencontrée la veille dans sa promenade du soir ; puis l'âne en ce moment fait un faux pas et Sylvie tombe. Henri alors saute à bas de son cheval, puis s'empresse de relever la jeune fille, de resserrer la courroie de la selle et aide Sylvie à se replacer dessus.

Oh ! bonheur ! il vient de presser sa taille, sa joue a presque touché la sienne et son haleine a caressé son visage ; plus encore ! un bonheur inexprimable, une découverte heureuse, sublime, ravissante ! celle enfin de la fleur de sensitive, donnée par lui la veille et que Henri vient d'apercevoir cachée précieusement dans le beau sein de Sylvie.

— Elle m'aime donc ? Oh ! oui, ceci le prouve assez ; amour ! amour ! seconde mes efforts.

Max et madame Millet, après avoir ri de l'accident de la jeune fille, ont repris leur marche ; cinquante pas de distance les séparent des amans et ceux-ci de causer bas, bien bas.

— Oui, je vous aime, je vous adore, ma vie entière pour un de vos regards, un mot de votre bouche gracieuse ! Oh ! pardonnez à l'aveu du plus sensible, du plus tendre des amans, pour qui votre amour est la vie, votre dédain la mort.

— Monsieur ! cessez ce discours auquel je n'ose et ne peut répondre, fait entendre Sylvie tremblante et intimidée.

— Hélas ! vous serais-je odieux, et ma témérité ne trouvera-t-elle grâce à vos yeux? répondez. Oh ! vous que j'idolâtre, me faudra-t-il vivre heureux ou malheureux ?

— Monsieur !... murmure Sylvie les yeux baissés et les joues couvertes du plus vif incarnat.

— Hélas, pas de réponse, vous me haïssez donc ?

— Je ne dis pas cela.

— Alors, un mot, un seul mot qui puisse me rassurer.

— Oh ! Dieu, qu'exigez-vous ?

— Sylvie, par pitié ! un mot, hâtez-vous, le temps presse, ils sont si rares, les momens heureux où je puis vous exprimer mon ardeur, Sylvie, puis-je espérer?

— J'ignore encore! murmure la jolie fille, qui, ces mots prononcés, se cache aussitôt le visage de ses deux mains, et Henri sent son cœur bondir d'amour, d'espérance et de joie.

Encore un faux pas de l'âne, mais sans accident cette fois, car le jeune homme s'est penché sur sa selle, et sa main, en saisissant celle que Sylvie avançait pour se retenir, a évité une seconde chute à la jolie fille; de là une tendre pression de la main de Henri, à cette main charmante, puis un coup-d'œil ravissant et plein de reconnaissance de la part de Sylvie.

— Qu'as-tu donc, mon enfant? comme tu parais animée?

— Rien, maman, seulement une seconde chute, que m'a évitée monsieur, et qui m'a fort effrayée.

Voici la demeure du garde, un joli jardin, une table sous un berceau de lilas, c'est là qu'ils vont déjeûner; des œufs à la coque, une volaille froide, du lait pour ces dames, du vin pour ces messieurs. La table est carrée, la mère et la fille sont d'un côté, les deux amis de l'autre, Henri en face de Sylvie. Ils déjeûnent, les deux jeunes gens s'efforcent de montrer de l'appétit, la conversation ne tarit pas, elle est décente, spirituelle et gai. Jouissance du ciel! le pied de Henri touche celui de Sylvie, sans que la jeune fille pense à l'en éloigner, pied charmant, mignon, délicat. Ah! faut-il qu'une chaussure profane en ce moment de son vil attouchement ce que sa bouche voudrait couvrir de mille baisers? Ainsi pense Henri, dont les yeux, avec prudence et amour, se fixent sur ceux de la jolie fille, dont il mendie un éclair, un simple regard. Bonheur, bonheur encore, Henri, le complaisant Henri, attentif, aux petits soins, a dix fois, durant le déjeûner, rencontré de la sienne la main potelée de Sylvie, et ça en allant au devant de ses désirs, en s'emparant de la carafe, de la salière, de l'assiette, enfin de tout ce que Sylvie se dispose à prendre et que l'amoureux Henri s'empresse de lui présenter, afin de provoquer un heureux contact. Max se dispose à payer la carte; madame Millet prétend que ce soin la concerne seule, après avoir invité ces messieurs. Grands débats, mais il faut céder à la volonté de la dame, et les amis s'y soumettent, à la condition qu'ils auront leur revanche le plus prochainement possible. On reprend les montures, et la cavalcade chevauche de nouveau dans les sentiers ombreux, dans le même ordre que la première fois.

— Eh bien! comment vous trouvez-vous dans votre nouvelle demeure? C'est madame Millet qui s'adresse à Max.

— Tellement heureux et à l'aise, que Henri et moi y passerions notre vie entière sans ennui ni regret.

— Quoi! la solitude n'effraye pas des jeunes gens de votre âge, et vous la préférez aux plaisirs de la ville?

— Infiniment mieux.

— En vérité, messieurs, vous êtes deux

Catons pour la sagesse, je le vois, et vous en félicite.

— Il y a peu de mérite, madame, à recevoir des félicitations sur une chose où notre goût nous porte naturellement, et dans laquelle nous trouvons une entière jouissance.

— Pardon, reprend la vieille dame, car il est rare de voir des jeunes gens de votre âge avoir des goûts aussi paisibles, et s'éloigner de la société, ainsi que vous le faites, pour venir s'enfermer, sans connaissance aucune, dans le fond d'une campagne.

— Excellent moyen pour se livrer à l'étude sans craindre les importuns; enfin, madame, dans votre heureuse demeure, pour nous se trouverait réuni tout le charme de la vie, s'il nous y était permis d'en saluer plus souvent l'aimable propriétaire.

— Ma fille et moi, monsieur, vivons fort retirées, et désirons ne voir que très peu de monde; cependant il y aurait injustice à nous de ne pas accueillir de temps à autre la visite de nos locataires ; aussi est-ce à ce titre, monsieur, que je vous engage à vouloir bien , ainsi que monsieur votre ami , venir passer quelques instans près de nous.

— Ah! quelle faveur précieuse, madame, et combien elle nous flatte, nous honore.

— Votre conduite paisible et réservée, votre éducation et votre politesse, messieurs, parlent trop en votre faveur pour ne pas me persuader que vous êtes dignes en tout de cette faveur et de ma confiance.

— Ah! madame, ce serait un crime de la démériter, dont mon ami et moi sommes incapables.

— J'en suis persuadée, monsieur.

— Le jour, la nuit dans mes rêves, partout enfin me suit votre douce image depuis l'instant où vous apparûtes à mes regards enchantés. Ah! ne doutez pas de mon martyre, de l'amour éternel que je vous jure; car jamais, non jamais, votre divine image ne s'effacera de mon cœur; désormais voyez en moi un amant, un esclave fidèle dont toutes les actions seront pour vous plaire; un amant pour qui vos désirs seront des ordres, qui mettra toute sa gloire à vous aimer, vous servir en échange d'un regard, d'un mot, d'un rien de votre gracieuse personne.

Ainsi disait Henri de l'accent le plus tendre, et la jolie fille en écoutant sentait son jeune cœur battre de plaisir, de bonheur, et ses yeux exprimaient, par la plus douce expression, toute la félicité de son ame.

— Un mot, un mot, de grâce! pour bannir l'inquiétude qui me dévore, reprend Henri après avoir attendu quelques secondes une parole de Sylvie.

— Non, ne m'aimez pas, point d'amour, à quoi bon, hélas! murmure Sylvie.

— Ne pas vous aimer! est-ce possible? point d'amour, dites alors plus de bonheur sur la terre; à quoi bon s'aimer, demandez-vous, afin de suivre la plus douce des lois du créateur, qui inventa l'amour pour la plus grande félicité des pauvres mortels.

— N'importe! sans espoir d'union, ce sentiment ne peut m'être permis.

— Sans espoir d'union, belle Sylvie ! Ah ! qu'avec vous ce lien me serait cher et qu'avec ardeur je le désire et l'implore !

— Hélas ! pourrait-il se former jamais entre nous ? répond la jeune fille d'un accent timide.

— Que votre cœur y consente, que votre douce voix me l'assure ; est-il après un obstacle que mon amour ne puisse vaincre pour atteindre ce but désiré et la possession de tant de charmes ?

Et la jeune fille, émue, garde le silence, mais ses beaux yeux répondent par un triste regard, et sa jolie tête par un signe négatif.

L'étang, quel dommage ! Henri avait tant à apprendre, avait tant encore à dire ; plus d'entretien, car voici le village, puis la grille de la maison, et Pitou qui vient ouvrir aux deux dames.

— Au revoir, mesdames.

— Merci, messieurs, de votre aimable société.

Quelques civilités encore, puis on se sépare pour rentrer chacun chez soi.

— Elle m'aime, j'en suis certain ; juge de mon bonheur, mon cher Max, s'écrie Henri à peine entré au salon.

— Et la grand'mère consent à nous ouvrir ses portes, répond Max.

— Je lui ai parlé de mon amour, et fait ma déclaration.

— Ah ! comment a-t-elle pris la chose ?

— Avec timidité, embarras, mais ses regards répondaient pour son cœur...

— Et t'encourageaient à poursuivre l'aventure, chose désormais des plus faciles, puisque grâce à mon adresse ou à mon hypocrisie, j'ai décidé la vieille à nous admettre dans la place.

— Merci ! merci cent fois, ami généreux, dit Henri en sautant au cou de Max.

— Ah ça, as-tu sollicité près de la belle le tendre rendez-vous ?

— Y penses-tu, sitôt, oh ! je n'aurais osé, car un refus eût été le prix de cette audace.

— Peut-être ! plus une fille est innocente et sage, plus elle se compromet, faute de connaître la conséquence des démarches qu'on exige d'elle.

— Dans quelques jours, à la bonne heure ! alors, je serai plus hardi, répond Henri.

— Bah ! près des femmes il faut oser tout de suite, dans la crainte de trop attendre ou de perdre les bonnes occasions, ce que je me propose dès ce soir près de ma jolie Rose, qui, je l'espère bien, sera fidèle au rendez-vous donné par moi sous les bosquets mystérieux du bois voisin.

— Quoi ! tu iras ?

— Je n'aurai garde d'y manquer, j'en grille d'impatience et d'envie, car je suis on ne peut plus friand de cette charmante femme.

— Et tu me laisseras seul ?

— Comme tu le dis, entre nous, mon cher, liberté tout entière ; au surplus ! qui t'empêche de profiter de l'invitation de madame Millet, et d'aller près d'elle et de sa charmante fille, partager ta soirée entre l'amour et la musique.

— Parce qu'il serait plus convenable, je pense, que nous fassions ensemble cette première visite; ensuite tu sais combien ta présence protège et facilite mes entretiens avec Sylvie.

— Je sais, je sais que pour protéger tes amours, il n'est pas tout-à-fait juste que je néglige les miennes.

— C'est vrai! mais ne peux-tu remettre à demain ton entrevue avec madame Boneau et m'accompagner ce soir chez madame Millet?

— Impossible! car, nous présenter aussitôt l'invitation faite, serait ce me semble montrer trop d'empressement. Au surplus, rien ne t'empêche de te rendre à l'étang, où sans doute se fera une rencontre entre vous.

— D'accord, mais Sylvie et sa mère peuvent rester à la maison, observe Henri.

— Alors, tu prendras ton violon, ou plutôt ta flûte, et tu iras sous le berceau roucouler des sons plaintifs qu'on entendra de la maison, qui attireront les deux dames vers toi ; de là, l'expression de tes regrets en étant privé de ma société, madame Millet et Sylvie qui s'attendriront et t'engageront à passer chez elles la soirée.

— Tu as raison, ton idée est heureuse et je ferai en sorte que la chose tourne ainsi, répond Henri en souriant à ce doux espoir.

— Consens donc maintenant à m'accompagner chez le receveur des contributions, afin de faire aussi sa connaissance, et m'informer si sa gentille femme est de retour de Paris; de plus, fidèle au rendez-vous qu'elle m'a donné.

— Non, permets que je reste ici à t'attendre, ma présence chez ces gens ne devant être d'aucune utilité à tes projets.

— Au contraire, très nécessaire, n'y a-t-il pas là un époux à distraire, le temps nécessaire pour rappeler à Rose notre rendez-vous sur la brune.

— Marchons donc ! répond Henri.

Tous deux alors s'éloignent et se dirigent vers la demeure de monsieur Boneau.

Ils arrivent, le mari est en ce moment occupé à son bureau, c'est madame, arrivée de Paris depuis à peu près deux heures qui accueille les deux visiteurs avec affabilité, mais non sans un peu d'embarras. Rose veut aussitôt prévenir son mari, mais Max, qui ne voit rien de pressé en cela, la retient en l'engageant à ne point interrompre monsieur Boneau dans ses occupations bureaucratiques et à vouloir bien leur tenir compagnie jusqu'à son retour.

— Henri, vois donc le joli jardin, dit Max en indiquant celui situé sous la fenêtre du petit salon où ils sont en ce moment.

— Charmant! Sont-ce vos jolies mains, madame, qui soignent ces fleurs aux brillantes couleurs? demande Henri, qui a deviné l'intention de Max, et qui va se placer à la croisée.

— Quelquefois, répond la dame.

— Comment se portent votre sœur et

notre mignonne filleule? dit Max en approchant sa chaise de celle de Rose.

— Fort bien, monsieur.

— Que vous avez tardé à revenir, répond Max, en essayant de s'emparer d'une main potelée.

— Mais non, trois jours, comme je vous avais annoncé.

— Ce temps m'a paru un siècle.

— Cependant vous avez su le mettre à profit, répond Rose en souriant.

— Comment cela?

— En courtisant le mari en l'absence de la femme.

— Vous étiez loin de moi, et pour tromper l'ennui de l'absence, je me suis occupé de ce qui vous appartient.

— Sournois! fait la jeune femme en donnant une petite tappe sur la joue de Max; savez-vous, ajoute-t-elle, que vous avez fait la conquête de M. Boneau; que, depuis mon retour de Paris, il n'a fait que de m'entretenir de vous?

— Heureux je serais, si l'amitié du mari

peut me mériter celle de sa charmante épouse.

— Nous verrons cela, monsieur.

— Qu'il me sera doux de payer de tout mon amour un peu de ce sentiment à mon égard.

— De l'amour! chut! ne parlons pas de cela ici.

— Non, mais ce soir, sous les tilleuls du bois : au moins nous serons libres, moi de vous en entretenir, et vous de m'écouter.

— Ce soir! oh! n'y comptez pas.

— Pardon! car vous me l'avez promis.

— Cela n'est pas.

— Ayez donc un peu plus de mémoire et de fidélité dans vos promesses.

— Encore une fois je n'ai rien promis.

— Vous savez le contraire : aussi, confiant dans vos paroles, exact au rendez-vous, ce soir je m'y rendrai.

— Vous m'attendrez long-temps.

— Toute la nuit, s'il le faut.

— Folie! vous vous enrhumerez.

— Cela sera votre faute.

— Ne faites pas cette extravagance.

— Je la ferai, car vous viendrez.

— A quoi bon ?

— Pour entendre mes sermens d'amour et un million de jolies choses que m'inspirent vos beaux yeux : ainsi donc, ne parlons plus de cela. A ce soir la suite, à la brune, dans l'avenue de l'étang.

— Ce soir ! impossible ! quand même j'aurais l'envie de faire une semblable démarche.

— Pourquoi donc cela ?

— Parce que mes affaires me conduiront, à cette heure, en un chemin tout opposé.

— Lequel ?

— Au parc de Saint-Cloud, chez un contribuable, une famille malheureuse, à qui je vais porter quelqu'argent afin qu'elle puisse venir ici demain solder le reste de ses impôts et éviter la saisie de ses meubles.

— Humaine et jolie ! voilà de quoi me rendre fou d'amour. Eh bien ! ce soir, au parc de Saint-Cloud, chemin de Ville-d'Avray.

— N'y venez pas, je n'ai nul besoin de vous, d'ailleurs mon mari sera enchanté, durant mon absence, de faire avec vous sa partie d'échec, et moi, de vous retrouver ici à mon retour.

— Je déteste les échecs et j'adore les promenades sur le soir et à la fraîche.

— Vous différez en cela de monsieur votre ami, que, dans ce moment, j'aperçois au jardin, se promenant à l'ardeur du soleil.

Un bruit de pas se fit entendre en cet instant, et, tandis que Henri rentrait par la fenêtre, M. Boneau entrait par la porte.

— Eh! quoi, Rose, ne pas m'avertir de la présence de ces messieurs! dit l'époux, apercevant les deux jeunes gens, et accourant à eux.

— Nous ne voulions pas vous arracher à vos affaires, mon cher monsieur Boneau, dit Max.

— Bonjour, bonjour, messieurs; et le receveur des contributions, en pressant la main de Max, lui adresse un regard consolateur.

— Ah ça, toujours, à bientôt le baptême? fait entendre le futur parrain.

— Nous l'espérons bien. Jours heureux! où je compte vous donner une fête charmante de ma façon, reprend M. Boneau.

— Vraiment! fait Henri.

— Feu d'artifice de ma composition, ballon pavoisé, illumination de mon jardin en verres de couleurs, et divers autres divertissemens dont je vous ménage la surprise, sans vous parler du bal sur la pelouse.

— Hum! voilà un baptême digne de l'enfant d'un pair de France.

— Puisque la nature refuse de féconder notre union, il est juste que je fête magnifiquement la bienvenue de l'enfant que ma femme et moi adoptons pour notre héritière, dit le mari.

— Y pensez-vous? renoncer à l'espoir de devenir père, lorsque, comme vous, on possède une épouse jeune et jolie, et surtout après un an de ménage ,. observe Henri.

— Oui, messieurs, oui, cette espérance est sortie de mon cœur, cependant elle m'était chère; ce qui fait que chaque jour je verse des larmes sur la stérilité de ma couche.

— Ne dites donc pas des bêtises comme cela, monsieur Boneau; car, enfin, est-ce de ma faute si vos désirs de paternité ne s'accomplissent pas? dit Rose en rougissant.

— Ma chère Bichette, je ne t'en fais pas un reproche; et pourtant ce n'est pas de ma faute non plus, car, Dieu merci, j'ai fait mes preuves étant garçon.

— En vérité, monsieur Boneau? fait Max en riant.

— Oh! ne me félicitez pas, car c'était une fatalité : impossible à une femme de m'aimer, sans qu'aussitôt je ne lui gâte la taille.

—Vous vous vantez là d'une belle chose : fi donc! dit Rose en haussant les épaules.

— Ciel! que d'orphelins, alors, vous avez semé sur cette terre!

— C'est immense! aussi, dans ce pays où j'habite depuis bientôt vingt-cinq ans, où s'est écoulée ma pétulante jeunesse, disait-on que j'étais l'ami de tous les pères, et père de tous les enfans.

— Quelle infamie! exclame Rose de nouveau.

— Heureux mortel! fait à son tour entendre Max.

— Le vieux sot! pense en même temps Henri.

— Allons, allons, du courage! mon cher Boneau, cultivez avec soin le joli terrain dont vous êtes possesseur, et je vous promets qu'avant peu nous aurons à célébrer le baptême de votre héritier présomptif.

— Le ciel vous entende et exauce ce vœu, le plus ardent de mon cœur, soupire le receveur.

D'après l'invitation de Rose, on passe au jardin; M. Boneau s'empare du bras de Max, au grand déplaisir de ce dernier, qui, devant lui, voit la jolie femme marcher en causant avec Henri.

— Vous ne sauriez croire, mon cher ami, combien l'accident dont hier soir vous me fîtes l'aveu, m'a trotté cette nuit dans la tête.

— Merci de l'intérêt que vous daignez prendre à ma triste position, mon cher Boneau, surtout gardez bien un tel secret, dont la connaissance me couvrirait de honte et de confusion.

— Oh? soyez sans nulle inquiétude, je serai muet comme la pierre, seulement vous saurez que j'ai été forcé ce matin de confier ce mystère à ma jeune épouse.

— Est-ce possible ! Quoi, y pensez-vous? un tel aveu à votre femme. Ah! monsieur Boneau, quelle idée doit-elle avoir maintenant de ma personne?

— Dam! mon jeune ami, il l'a fallu absolument, afin de vaincre les scrupules que lui inspirait la connaissance d'un jeune homme de votre âge, dont elle redoutait la séduction.

— Hélas! qu'ai-je donc fait pour lui inspirer une telle méfiance de mes principes?

— C'est ce que je lui disais, mais ma jeune épouse est tellement susceptible et à cheval sur les mœurs que rien n'a pu la calmer hors l'aveu de votre impuissance.

— Ignorez-vous que la connaissance d'une telle chose déshonore un homme aux yeux d'une femme? dit Max.

— Eh bien, envers la mienne, cette découverte a produit un effet tout contraire.

— Est-ce possible?

— Comme je vous le dis; Rose, enchantée de pouvoir vous estimer et vous recevoir chez nous sans éveiller ma jalousie, a manifesté la joie la plus vive.

— C'est égal, mon cher Boneau, vous m'avez trahie et mis dans l'impossibilité de ne pouvoir sans rougir supporter les regards de votre épouse; c'est mal, très mal! Moi qui croyais me confier à un ami, à un homme sage et discret ; ah! cette conduite est indigne! fait entendre Max, affectant un sensible courroux.

— Voyons, voyons, calmez-vous et cessez de me gronder, Rose est discrète et bonne, puis, instruite de votre malheur, elle n'en aura que plus de confiance en vous.

— N'importe ! votre indiscrétion est impardonnable, et rien ne la justifie.

— Je vous répète que, sans cela, elle exigeait une rupture entre nous.

— Quoi ! n'êtes-vous pas le maître de recevoir et d'aimer qui bon vous semble, sans la permission de votre femme ? C'est égal ; j'eusse préféré renoncer à venir chez vous, que de vous voir trahir un secret de cette importance.

— Vous ne tenez donc guère à notre nouvelle amitié ?

— Beaucoup, au contraire ; mais alors nous nous serions fréquentés hors de votre maison.

— Ce qui eût été fort gênant, et nous eût privé du plaisir de nous voir aussi souvent. Au surplus, je vous assure que vous vous alarmez inutilement ; car, je le répète, Rose est la discrétion même, et votre triste position l'intéresse et la charme au dernier point.

— Comment, la charme ! Qu'entendez-vous par là ? demande Max avec surprise.

— Qu'il lui sera permis, par ce moyen, d'établir entre elle et vous une aimable familiarité, le lien solide d'une vive amitié, sans que je puisse en concevoir le moindre ombrage.

— C'est elle qui s'est exprimée ainsi ?

— Elle-même.

— A la bonne heure ! voilà qui me réconcilie avec vous ; car enfin, que craignais-je ? le mépris, la raillerie de votre femme ; mais du moment que je ne rencontre en elle qu'intérêt et amitié, je suis heureux et satisfait, reprend Max.

— Mon ami, j'espère que tu as prié ces messieurs à dîner, fait entendre Rose qui vient de se rapprocher de son mari et du jeune homme.

— Non, Bichette ; c'est à toi que je laisse ce soin.

— Je pense, messieurs, que vous ne refuserez pas mon invitation.

— C'est avec regret, madame, que nous sommes forcés de détruire votre espoir; mais des affaires importantes nous forcent de refuser ce jour votre aimable proposition, répond Henri.

— Comment, vous me refusez, reprend Rose.

— Hélas! que ne nous est-il permis de faire autrement, dit Max à son tour.

— Refuser une dame, c'est peu galant de votre part, messieurs, reprend la jeune femme.

— Acceptez, je vous prie, mon cher Max, car vous m'obligerez infiniment en tenant compagnie à Rose, après dîner, le temps que je m'absenterai pour courir à certain rendez-vous secret que m'a donnée hier une aimable contribuable, dit tout bas M. Boneau, après avoir attiré le jeune homme à l'écart.

— Si cela vous rend service, j'y consens, mauvais sujet.

— Bichette, M. Max accepte notre dîner.

— Très bien; mais il paraît que les messieurs ont plus d'empire que les dames sur votre volonté, monsieur? cela se conçoit, dit madame Boneau, en accompagnant ses paroles d'un sourire sardonique.

— Vous entendez, mon cher, une pierre déjà que votre femme me jette.

— Comment cela? demande l'époux.

— En me faisant sentir que ma position me rend insensible aux volontés des femmes.

— Allons, n'allez-vous pas à présent tout interpréter à mal?

— Dam! mon cher, c'est que dans ma position un homme est terriblement susceptible.

— D'accord, je conviens qu'il n'est pas agréable de s'entendre reprocher ce qu'on a de commun avec feu Abeilard; mais ici, je vous assure que Rose n'a prétendu faire aucune allusion.

— Eh bien! qu'avez-vous donc, messieurs, à chuchotter ainsi tout bas en notre présence ?

— Rien, Bichette.

— Si fait !

— Nous parlions d'histoire ancienne, reprend le mari.

— Vous feriez beaucoup mieux de m'aider à décider M. Henri, qui repousse obstinément notre invitation.

— C'est très mal de sa part, dit M. Boneau.

— Allons, Henri, sois des nôtres, et madame ne s'opposera nullement à ce que tu te rendes où le devoir t'attend, aussitôt après le diner.

— A cette condition, que je n'osais imposer, j'accepte avec plaisir l'offre que m'adresse votre bouche charmante, madame, dit Henri.

— Voilà qui est bien, et me réconcilie avec vous, car je n'aime pas à être refusée. Permettez donc, messieurs, que je vous quitte pour aller donner quelques ordres, dit la dame.

— Et moi, de retourner à mon domicile un instant, écrire une lettre dont l'envoi ne peut souffrir de retard, fait entendre Henri.

— Liberté tout entière jusqu'à six heures, répond M. Boneau.

Puis Rose et Henri de s'éloigner.

— Remarquez-vous que votre ami est d'une galanterie achevée près de ma femme, et que j'aurais peu de confiance dans un gaillard taillé de la sorte.

— Bah! vous n'avez rien à redouter de Henri.

— Comment! serait-il aussi... vous savez ce que je veux dire?

— Très bien! mais de ce côté, le jeune homme est au grand complet, mais ce qui le rend peu redoutable au repos des maris, c'est qu'il est amoureux, mais amoureux fou.

— Ah, ah! d'une jeune et jolie fille, sans doute?

— Comme vous dites; enfin de mademoiselle Millet, dont il raffolle.

— Pauvre jeune homme ! exclame M. Boneau.

— Pourquoi, si pauvre ? la jeune fille est charmante, et sa grand'mère fort riche.

— Hum ! ce n'est pas ce qu'on dit dans le pays.

— Ah ! et que dit-on ?

— Que ces femmes sont des aventurières ; que la jeune fille n'est autre que la maîtresse d'un grand personnage qui l'entretient richement et la cache en ce pays.

— Mensonge ! ces femmes paraissent la vertu même.

— C'est possible, je ne les connais pas ; je sais seulement qu'elles paient leurs impositions avec la plus scrupuleuse exactitude, ce qui prouve en faveur de leurs mœurs.

— On est méchant, à ce qu'il paraît, à Ville-d'Avray ?

— Mais, un peu.

— Dites beaucoup ; car enfin, la conduite de madame Millet et de sa jolie fille est irréprochable, et ce qu'on avance est aussi de toute fausseté.

— Je pense comme vous; cependant, elles reçoivent des visites nocturnes, et cela fait jaser.

— N'est-on pas maître de recevoir ses parens ou amis à toute heure?

— C'est ce que je me tue de répéter aux mauvaises langues du pays qui, hier encore, blâmaient ladite dame Millet d'avoir loué son pavillon à deux beaux jeunes gens, sans réfléchir sans doute que leur voisinage nuirait à la réputation de sa jolie fille.

— Les méchans cancaniers! Ah ça, et que dit-on de nous? car nous ne devons pas être plus ménagés que les autres.

— Hum! pas grand chose; seulement que vous êtes des jeunes fous qui se dérobent aux recherches de leurs créanciers; que l'un de vous est l'amant aimé de la jeune fille, et l'autre celui de la mère, en faveur de ses écus.

— Mais, c'est atroce! abominable! de semblables propos.

— Ah! ne m'en parlez pas! on est si

méchant au village. Cependant, ajoute le receveur, vous voyez qu'il y a un peu de vrai dans tout cela, d'après la confidence que vous venez de me faire, concernant la passion de votre ami pour la jeune Sylvie.

— Ne peut-on être amoureux d'une femme, sans pour cela être payé de retour?

— Sûrement!

— Ne peut-on de même venir se reposer à la campagne, des fatigues et plaisirs de la ville, sans pour cela se sauver de la griffe de ses créanciers?

— Sans doute! aussi n'ai-je nullement ajouté foi à tous ces bavardages, répond M. Boneau.

Et le retour de Rose, en ce moment, vint changer le cours de la conversation.

Henri est revenu à cinq heures et demie, la mine longue, contrit de n'avoir ni aperçu ni entendu la gentille jeune fille pour qui il a été soupirer et attendre sous le berceau de chèvrefeuille. Le dîner a été des meilleurs, grâce à l'excellence et l'abondance des vins de toutes sortes. Max, placé près de Rose, n'a cessé de comprimer de la sienne sa cuisse arrondie, sa jambe fine et son pied mignon. Puis, après le champagne, sont venus le café, les liqueurs, puis ensuite de la bouche de M. Boneau, bas à l'oreille de Max, la proposition d'engager son épouse à faire un tour de promenade, tandis que lui profitera de ce temps pour courir à certain rendez-vous.

Dévoué au mari, Max vient donc d'adresser l'invitation à la dame, et la dame d'engager Henri à être de la partie; mais celui-ci refuse le plus poliment possible, en rappelant à madame Boneau la condition imposée par lui lors de l'invitation à dîner.

— C'est juste; monsieur Henri nous

avait prévenu ; or donc, pour cette fois liberté tout entière, dit M. Boneau.

— Au moins, monsieur, j'espère que vous allez être des nôtres, dit Rose à son mari.

— Certainement, Bichette ; seulement, ayant des affaires à terminer, je ne vous rejoindrai que dans quelques instans.

— Quoi! vous ne partirez pas tout de suite avec nous !

— Non, Bichette, non ; le devoir avant tout.

— Il me semble, monsieur, que la journée était assez longue pour terminer vos affaires, sans en conserver pour la soirée.

— Allons, ma Rosinette, ne te fâche donc pas ainsi ; toi, si douce, veux-tu donc te faire passer pour méchante aux yeux de nos nouveaux amis? va, ma Bichette, va promener; dans un instant, je promets de te rejoindre. Mon cher Max, je vous recommande ma femme chérie, ma mignonne, mon bien suprême.

Et cela disant, le receveur baisait et caressait la main de son épouse.

— Madame, je suis à vos ordres, dit Max, déjà muni de son chapeau, et présentant la main à Rose.

— Allons ! partons, monsieur, puisque mon mari l'exige ; permettez seulement que je mette mon châle.

— Ne comptez pas sur moi, car ayant des scrupules à vaincre, la possession d'une femme superbe à conquérir, il me faudra du temps ; surtout que votre promenade soit longue, murmure le receveur à l'oreille de Max.

— Comptez sur mon dévouement, malgré le ridicule du rôle que m'impose votre amitié.

— Vous êtes un excellent ami, mon cher, et que je plains de tout mon cœur, quand je pense à toutes les jouissances qui me sont promises ce soir, et dont vous prive le plus affreux des accidens.

— Hélas ! soupire Max piteusement.

— Ah ça, mon cher, je vous recommande ma femme, n'allez pas la séduire et me placer dans la grande confrérie, reprend M. Boneau avec un rire ironique.

— Vous me permettrez, monsieur, de vous faire observer que votre recommandation est des plus humiliantes, et qu'elle me fait regretter amèrement d'avoir confié à un homme aussi peu généreux le secret le plus important de ma vie.

— Allons donc! pourquoi prendre ainsi au sérieux une simple plaisanterie ?

— Parce qu'elle me blesse et m'afflige.

— Oui, j'ai eu tort, je le sens, désormais motus sur ce chapitre. Mais, voici ma femme qui revient, bonne promenade je vous souhaite; quant à moi, je cours m'enfermer dans mon cabinet, le temps de vous savoir loin d'ici.

— Au revoir, Henri, dit Max à son ami, qui vient prendre congé de la maîtresse de la maison.

— A ce soir.

— A ce soir.

Et Max offre son bras à Rose, qui l'accepte, non sans éprouver un léger tremblement ; puis tous deux se dirigent vers la porte du parc de Saint-Cloud, où, non loin de là, un acte de charité conduit d'abord la jeune femme.

En cheminant, quelques tendres paroles de la bouche de Max bourdonnent aux oreilles de Rose, qui sourit à ce doux langage, puis l'interrompt pour se plaindre de la sotte confiance de son mari.

Ils arrivent à la porte d'une pauvre chaumière, où le jeune homme entre guidé par sa jolie compagne. Là, une pauvre femme, des enfans couverts des haillons de la misère, et qui, à son entrée dans leur demeure, entourent et bénissent l'épouse du receveur, dont apparemment ils sont habitués à recevoir le bienfait.

— Tenez, mère Girard ; voilà ce qu'il faut pour venir demain vous acquitter avec mon mari, et voici pour vos chers petits enfans.

Cela disant, Rose mettait deux petits rouleaux d'argent dans la main de la bonne femme qui, les larmes aux yeux, bénissait sa bienfaisante et jolie protectrice.

— J'espère, madame, que vous ne me refuserez pas le plaisir de participer à votre bonne action, dit Max.

— Je n'aurai garde, monsieur, car ces bonnes gens sont bien pauvres.

Et le jeune homme remet sa bourse et tout ce qu'elle contient au marmot qui, en cet instant, entoure sa jambe de ses petits bras caressans, et essuie son nez morveux après son pantalon. Alors un concert de remercîmens et d'actions de graces, puis pour Max un doux regard de la part de Rose.

Ils s'éloignent, se dirigent vers le parc; Rose voudrait ne pas quitter la grand'route du château, mais son perfide conducteur aime à fouler le gazon, et l'herbe ne croît guère que dans les avenues solitaires. Ils marchent sous un épais couvert, dans une entière solitude; le soleil est couché, et les abords de la brune répandent une teinte mélancolique.

— Quelle idée de choisir ce triste lieu pour promenade, dit madame Boneau.

— Seul avec vous on y est si bien !

Et cela disant, Max couvrait de baisers la main potelée de la jeune femme.

— Soyez donc sage : n'allez-vous pas, pour prix de ma confiance, recommencer le manége que vous tîntes en voiture, lors de notre rencontre :

— Est-ce manquer à la sagesse que de vous donner des marques du tendre amour que vous m'avez inspiré.

— Je n'y crois pas.

— C'est impossible, car toutes mes actions, depuis que vous me connaissez, doivent vous en convaincre.

— Elles m'ont fait deviner en vous un caprice, mais de l'amour, non.

— Eh bien ! ce soir, je prétends changer vos doutes en conviction.

— Comment vous y prendrez-vous?

— En vous jurant un amour éternel, en comblant de caresses ces yeux, cette bouche, ce sein si beau.

— Finissez! En vérité j'ai peine à croire, en vous voyant si pétulant, aux choses étranges dont mon mari m'a fait part.

A ces mots, Max de sourire.

— Quoi! que voulez-vous dire? expliquez-vous.

— C'est inutile, vous devez me comprendre.

— Pas le moins du monde.

— Vous devez avoir une bien belle voix, monsieur Max.

— Moi! je chante faux comme un jeton.

— C'est étonnant!

— Mais pourquoi cette question?

— A cause de ce que vous savez bien ; enfin ce qui fait qu'en ce moment je me promène avec vous en toute confiance.

— Ah! je comprends, mais cela n'empêche ni l'amour ni les désirs ; la preuve en est que je vous idolâtre, et que votre possession fera le charme de ma vie.

— Comme c'est malheureux, à votre âge! car enfin, plus d'espoir de ménage, point d'enfant pour vous aimer.

— Oh! c'est affreux! horrible! rien que d'y songer je sens une faiblesse extrême s'emparer de tout mon être ; aussi vous demanderai-je à nous reposer un instant sur ce tertre de gazon.

— Non pas, cet endroit est trop désert ; voilà la nuit, et j'ai peur.

— Est-ce de moi ?

— Oh! non, je ne vous crains pas, mais bien des voleurs.

— Asseyons-nous, vous dis-je, un seul instant, et ne craignez rien, ne suis-je pas là pour vous défendre ?

Et cela disant, Max fesait asseoir la jeune femme.

— Que vous êtes belle ! que votre taille est charmante !

— Laissez-moi, je suis chatouilleuse.

— Et moi, amoureux à en perdre la tête.

— Vraiment, à vous entendre, je ne puis m'empêcher de rire.

— Vous êtes inhumaine.

— Que voulez-vous, c'est plus fort que

moi ; c'est votre faute, aussi ; pourquoi ne gardez-vous pas vos secrets ?

— Pourquoi votre mari est-il un bavard qui les divulgue.

— Il ne fallait pas les lui confier.

— C'est égal, je donnerais tout au monde pour pouvoir me venger de son indiscrétion.

— De quelle manière ? demande Rose d'un petit air sardonique.

— Oh! d'une manière tout-à-fait généreuse... enfin, en comblant les vifs désirs qu'il me manifestait ce matin même.

— Qui sont?...
— De le rendre père.
— Ah! je comprends.
Et Rose de rire aux éclats.
— Un baiser, ma jolie railleuse.
— Par exemple!
— Faut-il donc que je le prenne.
— Je vous le défends.

Et Max comprime la jeune femme sur son sein, inonde son visage d'amoureuses caresses.

— Finissez, je vous en conjure.

— Hélas! pourquoi me défendre le seul bonheur qui m'est permis? vous ne m'aimez donc pas?

— Je vous estime et vous plains.

— C'est déjà quelque chose; mais ce n'est pas assez.

— Que pouvez-vous exiger de plus?

— Beaucoup d'amour.

— A quoi bon ?

— Pour me rendre le plus fortuné des hommes.

— Singulière ambition! qui, loin de produire l'effet espéré, vous rendrait plus à plaindre encore.

— N'importe! il me faut votre amour, votre cœur, votre possession tout entière.

— Vous perdrez la tête.

— C'est possible; à vous la faute, qui êtes si jolie.

— Mais que faites-vous, y pensez-vous?

Malgré ces plaintes, il la comprimait encore plus, sa bouche pressait la sienne, son bras parcourait mille charmes. Rose essayait

une vaine résistance, et ses forces épuisées la livrent sans défense au pouvoir de son amoureux séducteur. . . . . . .
. . . .

Un instant du plus doux silence, interrompu par de tendres soupirs; puis après des yeux pleins d'amour et de volupté, dont la paupière s'ouvre avec timidité pour se fixer sur l'heureux vainqueur ; puis un aimable sourire dans lequel la passion, le délire ont remplacé l'ironie.

— Oh! que vous êtes menteur. Fi! monsieur, que c'est vilain. Et mon mari, ce pauvre Boneau ! comme il est dupe de sa bonne foi. C'est de sa faute aussi ! pourquoi m'assurait-il qu'il n'y avait pas de danger.

Encore de nouvelles preuves d'amour et de capacité ; puis, comme il se faisait tard, le retour à Ville-d'Avray, mais d'un pas lent, qu'une caresse, qu'un baiser arrêtaient à chaque instant; puis le toit conjugal, M. Boneau qui, rentré depuis près d'une heure, et déjà coiffé de son bonnet de coton, reçoit les réprimandes de sa jeune moitié pour ne pas avoir eu la politesse de venir la rejoindre, comme il était convenu, et enfin les adieux de Max au mari ainsi qu'à la femme, après promesse de revenir les voir le lendemain.

Tandis que notre jeune homme regagne en fredonnant sa demeure, sachons maintenant si l'Amour, propice à Max dans le courant de cette soirée, a de même été favorable à Henri.

Après avoir pris congé de ses amphytrions, le jeune homme avait tout de suite porté ses pas vers le bois et le bord de l'étang, dans l'espoir d'y rencontrer Sylvie et sa grand'mère. Vain espoir ! Madame Millet, trop fatiguée par la promenade du matin, avait refusée celle du soir aux instances de la jolie fille. Le jardin, rien que le jardin pour cette soirée; et, sur le banc de la pelouse, toutes deux étaient venues s'asseoir et travailler à des ouvrages à l'aiguille. Heureusement pour Sylvie, ce banc, cette pelouse se trouvaient près, tout près du treillage de séparation et du berceau de chèvrefeuille. Les aimables locataires étaient absens; mais un hasard pouvait les ramener vers leur demeure, sous ce berceau où ils aiment tant à faire de la musique que Sylvie a tant de plaisir à entendre. Or donc, si toutes ces choses se réalisaient, la jeune fille privée de sa promenade favorite pouvait encore espérer un doux instant de distraction.

Au moment où elle pensait secrètement ainsi, elle aperçut Henri qui rentrait et longeait l'avenue du pavillon, alors, le cœur de Sylvie bondit de joie à l'instar de celui du jeune amoureux qui, de son côté, a aussi reconnu la grand' mère et sa jeune fille.

Une minute a suffi à Henri pour monter chez lui prendre sa flute, sa musique, et venir s'installer sous le berceau.

— Allons, du courage ! captivons leur attention, provoquons l'invitation de passer près d'elle.

Et cela disant à lui-même, Henri choisit le morceau dans lequel il excelle, puis prélude sur son instrument, et fait entendre ses sons doux et mélodieux.

— Ce jeune homme est un excellent musicien.

— N'est-ce pas, maman ? et comme son ami et lui sont sages et polis.

— Tout-à-fait, à un tel point, que je n'ai plus de regret de leur avoir loué mon pavillon.

— Quoi ! maman, tu étais fâchée de les avoir pour locataires ?

— Oui, mon enfant, je craignais d'avoir commis une imprudence, et de m'en repentir; car tous les jeunes gens sont loin d'être aussi paisibles que messieurs Max et Henri.

— Ah ! çà de véritables demoiselles, tant ils sont honnêtes et tranquilles... Quel joli air ! quelle modulation ! que cette flute est douce, mélodieuse ! continue Sylvie en cessant de travailler afin de mieux écouter.

— Monsieur Henri est seul, à ce qu'il

paraît? dit la grand' mère en levant les yeux et les portant sur le berceau.

— Oui, maman ; il doit bien s'ennuyer, ce pauvre jeune homme !

— Non, puisqu'il fait de la musique.

— Il aimerait peut-être mieux causer.

— Pitou, allez dire à M. Henri que s'il désire venir vers nous, il nous fera grand plaisir; alors vous lui ouvrirez la porte du treillage, commande madame Millet au jardinier, qui en cet instant travaille non loin d'elle.

Quelques minutes, et Henri, qui ne s'est pas fait répéter deux fois l'invitation, vient saluer ces dames et s'asseoir près d'elles à la place que la grand' mère lui indique.

— Vous étiez seul, monsieur ; pourquoi ne pas être venu tout de suite près de nous? dit madame Millet.

— La crainte de me rendre importun, madame.

— Dites plutôt le peu d'empressement à vous rendre à l'invitation que je vous ai adressée ce matin dans le cours de notre promenade.

— Pensez-vous, madame, qu'une telle faveur de votre part ne soit acceptée avec autant d'empressement que de plaisir.

— En tout cas, il y paraît peu, puisqu'il faut presque vous enlever de force de chez vous, répond la grand' maman.

— L'absence de mon ami, sans qui j'hésite à prendre aucun plaisir, est l'unique cause, madame, de mon retard à me rendre à votre trop aimable invitation.

— Oui, Oreste ne marche jamais sans Pylade, fait entendre Sylvie en souriant.

— Vous dites vrai, mademoiselle, car entre eux, plaisirs et peine doivent être et seront toujours communs.

— Voilà une amitié modèle! bien rare surtout, et qui fait l'éloge de vos cœurs, messieurs.

— Ainsi commença un long entretien entre les trois personnes, où beaucoup de questions de la part des dames, peu de franchise (et pour cause) du côté de Henri, firent d'abord tous les frais.

Pourquoi ces questions? parce qu'on aime à savoir au fond qui l'on admet chez soi. Pourquoi ce peu de franchise de la part du jeune homme? parce qu'un premier mensonge en fait naître mille ; parce qu'il est de ces choses qu'un jeune homme n'ose avouer en présence de femmes, de femmes surtout où parmi se trouve celle dont nous guettons l'amour et la possession. Plus, que les demandes, adressées fort adroitement par madame Millet, concernaient les familles, la position de fortune et la vocation des deux ams.

La nuit et quelques gouttes de pluie engagent les deux dames à rentrer au salon où Henri est gracieusement prié de les accompagner, où Sylvie, qui remarque que, dans son empressement à se rendre près d'elle, le jeune homme n'a pas seulement pris le temps de déposer sa flute, qu'il tient en ce moment sous son bras, l'invite à vouloir bien accompagner de son instru ment le morceau qu'elle va jouer sur son piano. Accepté, comme on pense bien, et les jolis doigts de Sylvie de parcourir le clavier, et Henri, l'heureux Henri de préluder sur sa flute.

— Onze heures, il faut se séparer.

— Déjà ! soupire le jeune homme ; déjà ! sans avoir pu lui adresser une tendre parole, sans lui avoir répété : je vous aime. Mais, heureusement que si sa bouche n'a pu parler, ses yeux, en rencontrant dans la glace ceux de la jolie fille, le lui ont persuadé par leur tendre expression.

— Prenez par le jardin, afin d'être plus tôt chez vous; voici la clé du treillage.

Et Henri remercie madame Millet, à qui il donne le bonsoir, ainsi qu'à Sylvie. Il est dans le jardin, et n'ose la quitter tant il lui en coûte de s'éloigner des lieux qui renferment celle qu'il aime avec tant de force et d'ardeur. Voilà sa fenêtre, c'est là que, dans un instant, son ombre chérie va paraître. Ah! restons, restons; car cette ombre, c'est encore elle... La voilà, elle s'approche de la croisée, elle tire le rideau. Oh! bonheur, elle ouvre et se place sur le balcon. Si elle savait qu'il est là, dessous elle, qu'il guête ses moindres mouvemens.

Sylvie fredonne. Écoutons. C'est l'air qu'il jouait sur sa flûte sous le berceau de chèvrefeuille. Elle se tait, puis elle soupire. Est-ce pour lui?

— Si j'osais!

Et cela dit, Henri se hâta de réunir quelques fleurs, d'en former un gracieux bouquet qu'il retient par un lien d'herbe et qu'il lance sur le balcon. Sylvie, effrayée, jette un léger cri; ses yeux aperçoivent le bouquet, elle le ramasse, puis rentre chez elle, reparaît bientôt sur le balcon et laisse tomber une rose aux pieds de Henri.

— Oh! merci, merci cent fois!

Et cela disant, le jeune homme ramassait la fleur. C'est sur son cœur qu'il presse ce gage d'amour et d'espérance, après l'avoir couvert de cent baisers. La fenêtre se referme : quelques instans encore et plus de lumière. Ivre d'amour, Henri regagne le pavillon, rejoint Max, qui en ce moment se disposait à se mettre au lit, et les deux amis réunis se racontent mutuellement le bonheur de cette heureuse journée.

sur deux montres d'or dont il avait dégarni la veille son gousset ainsi que celui de Henri. Ce fut ensuite vers la rue de Sorbonne et son ancienne demeure que le jeune homme porta ses pas rapides, et dans laquelle demeure il s'arrêta au premier étage et à la porte de M. Lagrue, son ex-propriétaire, dont il agita la sonnette.

— Bonjour, madame Lagrue ; comment va votre précieuse santé ?

— Très bonne, monsieur Max; donnez-vous donc la peine d'entrer.

— Et cet excellent M. Lagrue?

— Mon mari est en ce moment en voyage; asseyez-vous donc, monsieur Max.

— Près de vous, si vous voulez bien me le permettre, madame Lagrue.

— Ciel! si vous saviez combien mon mari et moi vous regrettons, ainsi que votre aimable ami, M. Henri ; figurez-vous que depuis votre départ la maison est d'une tristesse, d'une monotonie assommante; plus de gaîté, de musique, rien! enfin, un vrai tombeau.

— Et nous, belle dame, combien aussi nous regrettons nos anciennes habitudes, notre petit bal champêtre au cinquième étage, et surtout notre séduisante et indulgente propriétaire.

— Toujours galant, monsieur Max. A propos ! vous prendrez bien une prune à l'eau-de-vie, n'est-ce pas ?

— Volontiers, si la ravissante madame Lagrue consent à me tenir compagnie.

— Pourquoi pas, d'autant plus que j'ai peu l'habitude de causer sans rien prendre.

— Alors, trinquons ensemble, charmante femme, répond Max en prenant dans ses mains une minime partie de la taille de la dame, occupée en ce moment d'atteindre le fameux bocal.

— Savez-vous qu'il est excessivement aimable à vous d'être venu me faire une visite; seulement je regrette que mon mari soit absent.

— Et moi, qui préfère uniquement les dames, je me félicite de rencontrer la sienne seule au logis.

A ce compliment, madame Lagrue lance un tendre regard à Max, et lui emplit son verre par dessus les bords.

— Et de plus, belle dame, ajoute le jeune homme à la troisième prune, je viens pour acquitter la petite créance dont mon ami et moi vous sommes redevables.

— Y pensez-vous ? une pareille bagatelle !

— En vérité, vous êtes aussi généreuse que belle ! pourquoi une si noble femme est-elle échue en partage au plus cupide des hommes.

— Hélas ! mariage contre mon gré, tyrannie de famille, car j'avais l'hymen en horreur et les arts en passion. Oui, monsieur, je voulais être artiste, danseuse à l'opéra.

— Vous eussiez fait une superbe divinité, madame Lagrue.

— Un peu trop grasse, cependant.

— Jamais trop de grâce pour un semblable état, répond le jeune homme en pressant la main de la grosse femme, dont il vient de s'emparer.

— Toujours quelque chose de flatteur à répondre; en vérité, vous êtes charmant, monsieur Max.

— Votre époux, belle dame, est sans doute en ce moment à Beauvais, occupé de l'achat du manoir paternel? interrompt Max.

— Comme vous dites!

— La vente de ce château ne doit-elle pas avoir lieu après-demain?

— Après-demain, sans remise.

— Votre mari, à ce qu'il paraît, tient toujours à l'acquisition de ce domaine, berceau de son enfance?

— Il en perd la tête, et veut l'acquérir à tout prix.

— Même s'il était poussé au-dessus de sa valeur?

— Le double, même; et comme cette affaire retiendra mon mari quelques jours absent, j'espère bien, monsieur Max, que vous ne refuserez pas de venir distraire ma solitude.

— Certainement! mais veuillez, belle dame, recevoir mon argent et me donner quittance.

— Du tout! gardez cette somme; les jeunes gens ont toujours besoin d'argent; une autre fois vous règlerez ce compte avec M. Lagrue.

— Veuillez accepter de grace, charmante amie, car j'ai le plus grand besoin de la quittance que je réclame de votre obligeance.

— S'il en est ainsi, je vais vous satisfaire.

Et madame Lagrue quittant à regret la place qu'elle occupe presque dans les genoux du jeune homme, va s'asseoir à son secrétaire.

— Voici vos cent cinquante francs, plus six francs pour l'éclairage, comme il en a été convenu, quoique dans la crainte de tacher le quinquet de son escalier, M. Lagrue n'ait jamais mis d'huile dedans.

— Et voici votre quittance.

— Prenez donc votre argent.

— Puisque vous le voulez absolument.

Cela dit, prenant les pièces sans les compter et avec indifférence, la dame les jette dans un tiroir du secrétaire, puis revient aussitôt prendre sa place.

— Madame Lagrue, je suis libre à présent d'emporter le mobilier.

— Entièrement, ingrat ! puisque vous persévérez à vouloir nous quitter.

— Le moyen de faire autrement ; pensez-vous qu'un pareil local convienne désormais à un homme millionnaire ?

— Vous avez raison ; c'est un hôtel qu'il lui faut. Ah ça, mais, continue la dame, vous avez donc déjà touché quelque chose de votre héritage ?

— Oui, une bagatelle, un million.

— Alors, je conçois que vous payez vos dettes.

— C'est le moins, répond Max, qui, cela dit, se lève et prend congé de la dame assez brusquement pour se rendre chez un marchand de meubles, qu'il amène aussitôt à son ancien logement, et à qui il fait une vente de tout le mobilier, moyennant une somme de deux cent vingt francs ; et, cela terminé, Max s'éloigne en disant un éternel adieu à la rue de Sorbonne.

— Où est Beauvais ?

— En Beauvoisis, et à seize lieues de Paris.

— Merci. Prendrai-je une voiture particulière pour franchir cet espace ?... Non, je m'y ennuierais, tandis que la diligence peut m'offrir quelques distractions, va donc pour la diligence !

Et Max se rend au bureau.

— Une place pour Beauvais.

— Voici, monsieur, vous partirez dans une heure.

— Très bien !

Durant que Max attend l'heure de monter en voiture, qu'il se promène dans la cour des messageries, arrivent les voyageurs avec malles, cartons et paquets.

— Conducteur! Où est le conducteur? dit une jeune fille en entrant dans le bureau.

— En train de charger sa voiture, mademoiselle.

Et Max, que la voix de cette jeune fille a frappé, l'examine et reconnaît en elle la jolie madame Leblanc, qu'il n'avait pas revue depuis la partie de l'étang de Ville-d'Avray, et dont le souvenir s'était presque effacé de sa mémoire.

— Quoi! c'est vous, madame? Quelle agréable rencontre pour moi, fait entendre le jeune homme en s'avançant vers la jeune femme.

— Tiens! monsieur Max, dit-elle, et son joli visage de rougir un peu.

— Lui-même, qui se félicite du hasard heureux qui l'a amené en ce lieu pour y retrouver la plus jolie femme du monde.

— Où allez-vous donc ainsi, monsieur?
— A Beauvais.
— Et moi aussi.
— Nous allons donc voyager ensemble,

combien j'en suis aise, reprend Max, qui, en effet, se félicite d'une occasion dont il augure très favorablement.

— Vous connaissez quelqu'un à Beauvais, monsieur?

— Personne, l'acquisition d'une terre me conduit seule en ce pays.

— Moi, je vais y retrouver mon mari, qui m'y a donné rendez-vous.

— L'heureux mortel! qui a le privilége d'attirer la beauté sur ses pas. Dites-moi, quelle place avez-vous retenue?

— La rotonde, répond la jeune femme.

— Fi donc! le réceptacle des nourrices et des manans. Le coupé est retenu par moi, j'espère que vous ne refuserez pas d'y accepter une place?

— Volontiers, d'autant plus qu'on y découvre beaucoup mieux la campagne, ce que j'adore.

— En voiture, messieurs les voyageurs!

Quelques instants encore, et Max, qui a eu soin de prendre le coupé en entier, s'y installe près de madame Leblanc. La voiture roule. Le jeune homme et la jeune femme causent ensemble. Une lieue de faite, Max a son bras passé autour d'une jolie taille. Deux lieues, ses lèvres compriment amoureusement une bouche de rose que de jolies petites mains essaient de défendre.

— Oui, j'aurais dû me rappeler votre peu de sagesse au bois de Ville-d'Avray et refuser de monter seule ici avec vous.

— Votre refus m'eût rendu alors le plus malheureux des hommes.

— Bah! laissez donc, croyez-vous que j'ajoute foi à toutes les paroles mielleuses que vous me débitez depuis que nous sommes en route?

— Croyez-vous donc qu'il me serait possible de vivre désormais sans votre amour et votre possession.

— Certainement qu'il le faudra, si mieux vous n'aimez mourir, car j'estime mon mari, à qui j'ai juré de ne jamais faire de traits.

— Oui, à l'autel, mais cela n'engage à rien, formules de rigueur que souvent on oublie le lendemain de la noce.

— C'est possible! Des femmes effrontées, mais moi, c'est tout différent, je tiens ce que je promets.

— De cœur, alors vous faites bien, mais lors de votre serment, il n'était nullement de la partie; et la bouche promit seule.

— Ça, il est vrai qu'en me mariant j'aimais peu mon mari, je le connaissais à peine.

Six lieues, puis la nuit, si ardemment désirée et attendue par notre jeune homme.

— Au nom du ciel! laissez-moi, vous dis-je, plutôt mourir que de trahir mon mari.

— Cruelle! pouvez-vous me voir aimer et souffrir ainsi, sans prendre pitié de moi.

—Vous, m'aimer! je n'en crois rien. Que je sois assez sotte pour ajouter foi à votre langage trompeur, pour céder à vos désirs, et demain vous me mésestimerez et ne me connaîtrez plus. Que deviendrai-je alors?

croyez-vous que je serai assez hardie pour retourner près de mon mari, et mettre dans ses bras la maîtresse d'un autre ! Oh ! non ; loin de lui et pour jamais, le jour où j'aurais été assez faible pour oublier mes devoirs.

— Oui, pour toujours loin de lui et toujours près de moi, oh ! qu'il me serait doux alors de payer de tout mon amour cette tendre préférence, de vous combler des dons de la fortune, de parer de riches tissus, d'or, de diamans, vos divins attraits.

— Non, non, ne me dites pas de ces choses-là, ne m'embrassez pas ainsi, car tout cela me trouble, m'agite, et me chagrine.

Et cela disant, la jeune femme d'essuyer ses yeux d'où s'échappent d'abondantes larmes.

— Cédez! cédez de grâce! à l'amant le plus tendre, à celui qui fait serment de n'aimer jamais d'autre femme que vous, de vous chérir, de vous conserver pour amie, pour amante, tant que son cœur battera dans sa poitrine.

— Non, ne me dites rien, je ne veux plus entendre. Mon Dieu! que je suis donc fâchée d'être partie avec vous!...

Dix lieues. La pluie tombe par torrent, le tonnerre bondit avec fureur et fracas, la tête de la jolie femme se repose cachée sur la poitrine de Max; le jeune homme la saisit, puis, la soulève pour la couvrir de nombreux baisers.

Quatorze lieues. L'orage gronde encore, mais au loin, le ciel épuré réfléchit ses milliers d'étoiles. La jeune femme entoure de son bras le cou de son compagnon de voyage.

— Ah! mon ami! quel orage! j'en suis encore tout épouvantée, c'est Dieu! vois-tu, que mon péché a mis en colère.

— Enfant! pourrait-il t'en vouloir, d'avoir fait un heureux?

— Ensuite! est-ce de ma faute si j'ai peur du tonnerre?

— Non, certainement.

— S'il m'a fallu chercher un refuge dans tes bras?

— Nul doute.

— Par exemple, ce qui est fort mal à vous, monsieur, c'est d'avoir abusé aussi indignement de ma frayeur, de ma position.

— Le moyen de résister en pressant dans mes bras, en comprimant sur mon sein, ta gracieuse personne, en rencontrant ta bouche jolie, frisonner sous mes lèvres.

— Il fallait me rassurer, monsieur, me parler raison, et non...

— Goûter en tes bras toutes les joies de la terre et le bonheur suprême.

— Mon ami, je ne veux plus aller à Beauvais.

— Comment faire autrement, nous touchons à ses portes.

— N'importe! je ne dois plus revoir mon mari.

— Pourquoi cela?

— Je ne suis plus digne de lui, je n'oserai le regarder en face sans rougir.

— Bah ! enfantillage.

—Max, rappelle-toi mes paroles avant l'orage : « Croyez-vous que je serai assez hardie pour retourner près de mon époux, et mettre dans ses bras la maîtresse d'un autre? »

— Je m'en souviens, ma chérie ; mais ainsi vont les choses chaque jour.

— Je le pense ; mais chez les femmes habituées à se faire un jeu de l'adultère.

— Ainsi donc, plus d'époux pour toi?

— Non, plus d'époux, répond la jeune femme d'une voix émue.

— Ne crains-tu donc d'attrister le tien par la perte de ta gentille personne?

— Pourquoi ces réflexions tardives, monsieur?

— Dans ton propre intérêt. En renonçant à ton époux, qu'espères-tu?

— Confiante dans vos promesses, vivre près de vous en vous consacrant mon amour et mes soins.

— Y penses-tu?

— Ne m'avez-vous pas offert le sort le plus brillant ?

— J'en conviens; mais, ma douce amie, tu me permettras au moins de m'en faire un à l'avance; car cet homme, tant amoureux de ta gracieuse personne, et que tu crois riche, heureux, n'est autre qu'un pauvre étudiant en droit, sans fortune, qui ne possède que son code et l'espérance.

— Tant mieux, alors; cela fait que vous n'attribuerez pas à l'intérêt l'amour et la fidélité que Mariette vous jure en ce moment.

— Par ma foi! tu es une femme charmante et accomplie, ma douce Mariette; tout me plaît en toi, jusqu'à ton nom. Eh bien! oui; sois mon amie, ma tendre maîtresse; ensemble, menons la vie joyeuse, partageons bonheur et malheur, plaisir et misère.

— J'accepte! dit Mariette, le pacte passé entre nous.

— Mais, n'as-tu donc nul regret de te séparer de ton époux, et un jour ne m'abandonneras-tu pas pour retourner à lui?

— Jamais! car, mariée contre mon gré avec un homme aussi méchant que laid, j'ai maudit une union qui ne m'inspirait que chagrin et dégoût.

— Tu me disais tant de bien de ton mari, et affirmais tant d'amour pour lui.

— Agir autrement eût été encourager votre audace et hâter ma défaite.

— Aussi adroite que jolie! s'écrie Max en donnant une caresse à la jeune femme.

Beauvais!

— Max, nous quitterons bientôt cette ville, n'est-ce pas?

— Dès demain, ma toute belle.

La diligence traverse la ville et va s'arrêter dans la cour des messageries. Les voyageurs descendent de voiture.

— Qui se nomme madame Leblanc? fait entendre un employé tenant la feuille du conducteur en main.

Personne ne répond à cet appel, et pourtant les amans l'ont entendu.

— Encore une fois, qui se nomme madame Leblanc?

— Madame, dit le conducteur en indiquant Mariette.

Et l'employé s'avance vers la jeune femme, pour lui apprendre que la voiture dans laquelle revenait son mari ayant versée le matin aux portes de Beauvais, M. Leblanc, blessé grièvement, attend sa femme à l'auberge voisine pour recevoir ses soins.

— Oh, ciel! le pauvre homme! Max, ce n'est pourtant pas là l'instant de l'abandonner; au revoir donc, mon ami, je vais où l'humanité m'invite, adieu! nous nous reverrons, je l'espère.

Et la jeune femme, sans attendre de réponse, s'échappe et coure vers les lieux où souffre son époux.

C'est avec peine et dépit que notre jeune homme voit fuir sa nouvelle conquête; en vain coure-t-il après elle, afin de lui indiquer un prochain rendez-vous, mais Mariette a quitté la cour de la diligence; telle qu'une ombre, elle a glissée dans les ténèbres et échappée à sa vue.

— L'étourdie! partir ainsi sans m'indiquer l'endroit qui doit nous réunir, fâcheux contre-temps! qui me prive d'une nuit de délices et de volupté!

— Cela dit, le jeune homme se dirige vers l'auberge la plus voisine, où il commande un bon repas et un excellent lit.

Le lendemain, très matinal, Max se fait indiquer le chemin du village d'Hormeau, et s'y rend directement Arrivé dans le pays, le premier objet qui frappe sa vue est une grande affiche, apposée sur la muraille d'une auberge, laquelle indique la vente du château de la Poulinière et de ses dépendances.

— Ceci est mon affaire, se dit le jeune homme, en parcourant ladite affiche.

Et une main vient au même moment, se poser sur son épaule.

— Vous en ce pays, mon jeune ami !

— Comme vous voyez, monsieur Lagrue.

— A ça, quel hasard vous amène à Hormeau?

— Celui qui m'a conduit à Beauvais, et me donne envie de visiter le berceau de votre enfance, après m'être informé de l'état de votre santé, mon cher Lagrue.

— C'est bien aimable de votre part, mais qui vous a dit que j'étais ici en ce moment.

— Cette aimable madame Lagrue que j'ai eu l'avantage de voir hier chez elle, en allant acquitter la dette dont je vous étais redevable.

— Ah! vous avez payé vos trois termes.

— Dont voici quittance de la main de votre chaste épouse.

— Oui, c'est bien là l'écriture de mignonne; comment se porte-t-elle, cette douce chatte?

— Effroyablement bien; nous avons même dégustés ensemble de vos excellentes prunes.

— Et vous avez très bien fait. Vous venez sans doute pour affaire à Beauvais? s'informe M. Lagrue.

— Comme vous dites, une affaire très importante même; enfin, toucher une traite de deux cent vingt-cinq mille francs, formant le quart de l'à-compte que m'a remis mon armateur, sur la fameuse succession.

— Diable! beau denier.

— Dont je vais pour le moment me trouver fort embarrassé, ne sachant où placer ces fonds. A propos! avez-vous déjeûné, mon cher Lagrue!

— Pas encore.

— Acceptez donc, sans façon, l'offre que je vous fais, de déjeûner ensemble.

— Je le voudrais, mais impossible en ce moment.

— La raison pour quoi ?

—Que la vente pour laquelle je suis venu ici, se fait à midi, et qu'il est onze heures bientôt.

— Ah! oui, une bicoque, dans laquelle vous êtes né, je crois, et dont vous tenez à faire l'acquisition.

— Comment, une bicoque, c'est bien un château, et des plus agréable encore.

— Oui! c'est juste, je me souviens maintenant que vous m'en parlâtes la dernière fois que nous nous vîmes ; vous avez raison, les affaires avant tout; quant à moi, tenant singulièrement à ce que nous déjeûnions ensemble, je consens à attendre la fin de cette vente, dans l'espoir de vous avoir tout à moi.

— Trop aimable cent fois, mon jeune ami ; permettez donc que je vous quitte, afin de me rendre dans la grande salle dudit château, endroit que le notaire d'Hormeau a choisi comme pouvant seul contenir à l'aise les nombreux enchérisseurs venus pour la vente du domaine.

— Mais, ne sachant que faire de mon temps, j'ai presqu'envie de vous accompagner, cela me procurera l'avantage de voir votre future propriété.

Cela dit, Max passe son bras sous celui de monsieur Lagrue, et sans attendre sa réponse il l'entraîne avec lui.

— Vous dites donc qu'il y a un grand nombre de concurrens.

— Hélas! que de trop, soupire le propriétaire.

— Fâcheux! car ces gaillards sont capables de vous faire payer cher le manoir paternel.

— J'en ai grand peur.

— Du courage, mon cher Lagrue, car il est noble et beau de reconquérir le berceau de ses aïeux.

— D'autant plus, soit dit entre nous, qu'après avoir fait abattre le château, le prix de la vente des matériaux surpassera, j'en suis certain, celui payé pour l'achat de la propriété entière.

— Et votre intention est de démolir le château? s'informe Max.

— Sans doute, et de garder les terres.

— Sagement spéculé, d'autant plus que ces terres vous resteront presque pour rien.

Une superbe avenue de peupliers, un vaste et gothique bâtiment flanqué de deux énormes pavillons, cour d'honneur, vaste jardin, parc immense, telle est la propriété dans laquelle pénétrent, tout en causant, Max et M. Lagrue.

— Le superbe domaine, il est vraiment royal, dit le jeune homme.

— Et les terres, les bois donc! c'est ça qui est bel et bon.

— Et giboyeux, peut-être! interroge Max.

— Considérablement, un chevreuil tout les cent pas.

— C'est magnifique! moi qui adore la chasse.

— Je vous louerais celle de cette terre, répond généreusement le vieux propriétaire.

— La grande salle, beaucoup de curieux l'encombrent, mais peu d'enchérisseurs, malgré le dire de M. Lagrue, à qui la peur sans doute grossit les objets.

Le notaire et les gens de justice, qui, selon l'usage, se font attendre une heure, puis, entrant dans la salle, vont se placer sur les siéges préparés autour d'une grande table :

— De par le Roi et la Loi; faisons savoir qu'on va procéder sur-le-champ, par le ministère du sieur Hippolyte Fouillou, notaire de la commune d'Hormeau, à la vente de ce domaine, à l'enchère publique ainsi qu'au plus offrant enchérisseur, fait entendre le greffier.

— Nous avons acquéreur à deux cent trente mille francs, crie le notaire... Personne ne met-il au-dessus?

— J'en mets mille, fait entendre piteusement M. Lagrue.

— Moi, deux mille! dit un gros fermier.

— Trois! s'écrie de nouveau notre vieux propriétaire.

— Quatre!

— Cinq!

— Six!

— Sept!

— Deux cent trente-sept mille francs! quelqu'un met-il au-dessus?

— Deux cent quarante! s'écrie Max, à la grande stupéfaction de M. Lagrue, qui aussitôt couvre de mille francs.

— Cinq mille! reprend Max.

— Deux cent quarante-cinq mille! met-on au-dessus, demande le notaire.

— Ce que vous faites-là est affreux, jeune homme, vous abusez de ma confiance.

— Que voulez-vous? mon cher Lagrue, cette propriété me plaît infiniment, et j'y trouve un placement sûr. Ainsi donc, je suis décidé à la pousser très-haut, à l'acquérir à tout prix.

— Personne ne met au-dessus de deux cent quarante-six mille? reprend le crieur.

— Sept mille ! dit M. Lagrue.

— Cinquante mille! s'écrie Max.

— Quelle folie! enchérir par trois mille francs, exclame M. Lagrue.

— Perdez tout espoir, mon cher: car je monterai, s'il le faut, jusqu'à quatre cent mille plutôt que de voir cette propriété adjugée à un autre qu'à moi.

— Dépêchons, messieurs, je vous en préviens, les feux vont s'éteindre, fait entendre le greffier.

— Cinquante-et-un mille, s'écrie M. Lagrue dans un transport furieux.

— Cinq mille !

— Sept!

— Huit!

— Neuf!

— Dix mille!

— Deux cent soixante-dix mille!

— Vous êtes fou! jeune homme. Quoi! onze mille francs d'un coup! grogne le furieux Lagrue.

— Il m'en reste encore cent mille à ajouter en sus; cédez donc, mon cher.

— .....

— Personne ne dit plus mot? fait entendre le notaire.

— Allez au diable! j'abandonne, crie M. Lagrue.

— Une fois! deux fois! personne ne dit mot... les feux sont éteints.

— Adjugé pour la somme de deux cent soixante-dix mille francs à monsieur..... votre nom?

— Max de Maineville, répond l'audacieux acquéreur.

— Jeune homme, vous êtes un abominable sournois, qui aura ma mort à se reprocher, disait M. Lagrue à Max, qui sortait en même temps que lui de la salle.

— Que voulez-vous, mon cher, chacun pour soi en ce monde; ne m'en voulez donc pas, et avouez que, d'après tous les avantages que vous m'avez révélé concernant ce bien, il eût été très maladroit à moi, qui ne sais que faire de mes fonds, de ne point l'acquérir, et de faire en cela un excellent placement.

— Jeune homme, vous venez d'abuser de ma bonne foi, retirez-vous.

— Allons, mon cher Lagrue, pas de rancune, calmez cette injuste colère, et venez déjeûner avec moi.

— Jamais! car je vous en veux à la mort, répond le propriétaire, en repoussant le bras que lui offre Max.

— Oh! vous avez beau vous en défendre, vous avez promis de déjeûner avec moi, et vous y déjeûnerez.

— Jamais! tout est rompu désormais entre vous et moi, monsieur. Me souffler par la plus noire perfidie le berceau de mes aïeux!

— Que vous achetiez pour le faire abattre, répond Max en souriant.

— Dont je désirais conserver précieusement l'emplacement.

— Pour y semer de la béterave, sans doute.

— Me laisser jouer ainsi par un bambin!

— Pas de personnalités dans vos injures, M. Lagrue; car, valant beaucoup mieux que vous ne me jugez, sachez donc que votre désespoir fait naître en mon cœur la douleur et le remords.

— Quoi! vous seriez fâché de votre conduite à mon égard?

— Oui, en vérité, répond Max.

— Eh bien! il est un moyen de reconquérir mon estime.

— Lequel? parlez, mon cher.

— De me céder la propriété.

— A prix coutant? demande Max.

— A prix coutant.

— Y pensez-vous, mon cher Lagrue, un

domaine magnifique qui ne me coûte pres-
rien ! un château à abattre, dont les matériaux vont payer les terres !

— Oui, une affaire superbe! soupire
l'infortuné Lagrue.

— Des bois giboyeux ; moi qui adore la
chasse !

— Je vous donne dix mille francs de
bénéfice, cédez-moi le tout.

— Des étangs immenses ; je suis si gour-
mand de poisson !

— Eh bien ! que dites-vous de ma proposition ?

— Je n'ai pas entendu.

— Je vous offre dix mille francs de bénéfice.

— Fi donc!

— Quinze, est-ce une affaire faite ? reprend M. Lagrue.

— Cependant, n'ayant nul besoin de capitaux, je crois que je laisserai exister le
château tel qu'il est, sauf de grandes répa-
rations.

— Il n'est pas habitable.

— J'en ferai alors une manufacture ou une raffinerie, où...

— Je vous offre vingt mille francs.

— Non, non ; désolé, mon cher, interrompt Max ; car en échange de quelques deniers je n'irai pas céder mes droits dans une aussi excellente affaire ; ne cherchez donc pas à me séduire par de semblables misères, et venez déjeûner avec moi.

— Je n'ai pas faim ! grogne le vieux hibou.

— Aimez-vous le champagne, papa Lagrue?

— Je n'aime rien.

— Que les belles maisons et les bonnes terres, n'est-ce pas?

En parlant ainsi, tous deux étaient arrivés à la porte de l'auberge où M. Lagrue avait pris domicile, et où en ce moment le jeune homme entrait avec lui.

— Décidément, vous refusez vingt mille francs? dit M. Lagrue, s'arrêtant dans la salle basse de l'auberge et s'adressant à Max.

— Même trente ! répond ce dernier ; ce qui n'empêche pas que nous déjeûnions ensemble. Servez-nous, la fille?

— Que désirez-vous, messieurs?

— Ce que vous avez de meilleur, en mets comme en vins; surtout, force champagne.

Les deux couverts sont dressés, et sur la table, viennent d'être apportés une superbe poularde froide, plusieurs sortes de vins.

— A table! mon vieux rancunier, s'écrie gaîment Max à M. Lagrue, en ce moment immobile sur sa chaise.

— Voulez-vous vingt-cinq mille francs ?

— Mangeons d'abord, je vous répondrai ensuite.

Ils s'attablent; M. Lagrue mange comme quatre et boit de même; arrive le champagne, la mousse pétille, les verres se vident et s'emplissent, les yeux du vieux propriétaire brillent comme deux becs de gaze, ce dont s'apercevant Max, fait qu'il lui verse rasade.

— Répondez, jeune homme, consentez-vous à combler les vœux d'un fils infortuné, en lui restituant le berceau de ses pères ?

— Que ne le puis-je, infortuné vieillard.

— Je vous offre trente mille francs.

— Ciel ! la belle propriété ! les belles terres ! l'abondante chasse.

— Répondez donc, mon jeune ami.

— La vie joyeuse que Henri et moi allons mener dans ce domaine.

— Répondez, jeune homme.

— Impossible ! vertueux Lagrue. Buvons encore, et vive le champagne !

— Vingt-cinq mille, vous dis-je, payables tout de suite après le transfert de la vente; répondez à un homme désolé, qui vous réclame le toit paternel.

— Pauvre cher ami, que me demandez-vous ?

— Rien ; c'est moi qui, au contraire, vous offre trente mille francs.

— Pas pour quarante, cher ami. Buvons ; à votre santé ! à celle de l'estimable madame Lagrue, qui, je l'espère bien, viendra passer quelques mois dans mes terres.

— Pour la dernière fois, voulez-vous trente-cinq mille?

— Encore une fois, non !

— Quarante ?

— Cent fois non !

— Jeune homme, votre obstination me désespère et me conduira au tombeau.

— Serait-ce possible? Ah! ce serait pour moi un remords éternel.

— Vous l'aurez, cruel homme ! car je ne survivrai pas à ma douleur profonde.

— Ah! vous me fendez le cœur, honnête Lagrue ; non, je ne puis résister plus longtemps à vos larmes.

— Vous acceptez ?

— Comment faire autrement ; oui, j'accepte cinquante mille francs ; pas une obole de moins.

— Cinquante mille francs, mon Dieu ! mais vous extravaguez, mon jeune ami.

— Du tout, et pour peu que vous hésitiez, j'en exige soixante, ou je garde le château.

— Ce serait payer alors cette propriété le double de sa valeur réelle.

— Je ne crois pas cela.

— Je vous l'affirme.

— C'est faux ! puisque de votre aveu, le prix des matériaux doit équivaloir celui de la propriété.

— Cela n'est pas possible.

— C'est vous, monsieur Lagrue, qui me l'avez assuré.

— Je déraisonnais, alors.

— Tant pis pour moi, qui me suis fié à votre parole.

— Or donc ! acceptez mes offres.

— Volontiers, si elles s'élèvent à cinquante mille francs.

— Non, à quarante.

— Je refuse, alors; n'en parlons plus, buvons et profitons du reste de la journée pour visiter ensemble mon beau domaine; car ce soir je retourne à Paris.

— Quarante-cinq mille ! est-ce conclu ?

— Non, cinquante : je l'ai mis dans ma tête ; profitez donc vivement des bonnes dispositions que m'inspire ce champagne généreux, car je ne vous réponds pas qu'une fois hors de sa douce influence, je ne rétracte ma parole.

Cela disant, Max quittait la table.

— Hélas! hélas! berceau de mon enfance! asile de mes pères! que de sacrifices me coûte votre possession.

— Allons-nous au château, mon cher Lagrue ?

— Non, chez le notaire, afin de faire dresser le transfert.

— Vous me prenez donc au mot; c'est donc dit, cinquante mille francs ?

— Hélas! il le faut bien; puisqu'il n'y a nul moyen de vous en faire rabattre.

— Hâtez-vous donc de profiter d'un moment de faiblesse que l'amitié m'inspire en votre faveur.

IX.

GAGE D'AMOUR. — LE RETOUR.

— Au nom du ciel! ne me refusez pas.
— Mon Dieu! qu'exigez-vous de moi! monsieur Henri! un rendez-vous le soir, dans le jardin! le puis-je? le dois-je? Ah! non! si ma grand'maman venait à me surprendre!
—Toujours un refus dans votre bouche;

et cependant, j'ai tant de choses à vous dire, tant d'amour à vous exprimer ; Sylvie, cédez aux vœux de l'ami le plus tendre, de l'ami qui ne voit et ne désire que vous.

— Non, non, cessez de me tourmenter, d'exiger de ma faiblesse une coupable action que jamais je n'aurai le courage d'accomplir.

— Hélas ! suis-je assez malheureux ! dédaigné de la seule femme qui ait fait battre mon cœur ; de celle qui m'a fait connaître tout le charme et le tourment de l'amour. Ah ! Sylvie, quelle cruelle déception pour moi qui, dans vous, avais cru deviner un peu d'affection pour ma personne.

— Oui, je vous estime, monsieur Henri, et Sylvie est heureuse lorsqu'elle vous voit, mais contentez-vous de cet aveu, et n'exigez pas qu'oubliant ses devoirs, elle commette une action indigne.

— Une action indigne ! dites-vous ; quelle erreur est la vôtre ! est-ce donc un crime que d'aimer qui nous aime, d'adoucir ses douleurs, d'écouter l'expression pure et tendre de ses sentimens ! Sylvie, plus de refus, de grace ! un mot, un seul mot, ce soir, dans le silence et sans témoin. Le mystère le plus profond couvrira ce secret instant d'entretien, car, tout alors sera sous l'influence du sommeil. Max, cet ami, confident de mon amour et de mes chagrins, est lui-même absent, personne donc ne pourra nous surprendre. Or donc, plus de refus, de crainte, ce soir, oui, ce soir, à minuit, près de la statue, vous y viendrez, n'est-ce pas ? si mieux vous n'aimez me laisser mourir de douleur et d'amour.

— Vous, mourir, ô mon Dieu !

— Oui, car je ne pourrai survivre à votre indifférence, et sans Sylvie la vie n'est plus rien pour moi.

— Oh ! ne me parlez pas de mort ; ne me faites pas entendre de si cruelles menaces.

— Sylvie ! ce soir donc, au jardin...

— Je n'ose.

— Près d'un ami qui vous adore, entourée de ses soins, de ses respects, que pouvez-vous redouter ?

— Les reproches de ma conscience.

— La conscience ne reproche que les mauvaises actions ; mais en est-ce une que d'apporter l'espérance et le bonheur au plus tendre des amis ?

— Cependant, pourquoi alors la mienne s'effraie-t-elle rien qu'à l'idée de la démarche que vous exigez de moi ?

— Prenez garde, ma chère amie, ne confondez pas le remords avec la timidité qui seule en ce moment vous parle et vous rend rebelle au désir de votre ami. Sylvie, plus de crainte, donc ! à ce soir, répondez, car déjà j'entends les pas de votre aïeule qui revient en ce salon... Sylvie, qui ne dit mot consent; à ce soir, près de la statue de Diane.

Et la présence de madame Millet vint mettre fin à ce secret entretien.

Ces choses se passaient le soir du second jour après le départ de Max, un soir que Hénri, invité à venir se distraire en la société des deux dames, s'occupait près d'elles à la transposition d'un morceau de musique, travail dont l'avait chargée Sylvie, Sylvie près de qui, depuis quatre jours, il lui était permis de passer de doux momens, grace à la confiance que l'heureux jeune homme avait su inspirer à la trop crédule grand'-mère. Une réponse à faire tout de suite à une lettre que venait d'apporter un valet, avait contraint madame Millet de quitter le salon pour un instant, et laisser les deux jeunes gens ensemble, moment précieux, désiré depuis long-temps, et que, comme on vient de le voir, Henri avait su mettre à profit.

Une heure encore s'est écoulée depuis le retour de l'aïeule, heure précieuse passée dans le travail de la transposition, où, tout près de Sylvie, Henri plus d'une fois a ressenti l'haleine si suave de la jeune fille caresser son visage, son genoux, toucher le sien, sa main rencontrer la sienne, et plus encore ses beaux yeux se fixer sur les siens avec douceur et tendresse.

— Déjà onze heures ! mes enfans, il est

temps, je pense, de se retirer chacun chez soi, observe madame Millet qui vient d'entendre sonner l'indiscrète pendule.

Cet avis est pour Henri le signal de la retraite; quelques mots encore, puis ses adieux à la mère et à la fille. Il les quitte, mais non sans avoir avant adressé à Sylvie un regard suppliant.

Henri est chez lui. Une heure, une mortelle heure à attendre; et encore! viendra-t-elle? Non, oui, peut-être! Ah! quelle pénible indécision; que le temps s'écoule lentement!

Henri n'y tient plus; il quitte le pavillon, descend au jardin, en fait vingt fois le tour, puis va s'asseoir sous le berceau de chèvrefeuille. Là ses yeux se fixent sur la fenêtre de Sylvie. Pas de lumière! se serait-elle couchée?... Ah! l'horloge vient de tinter au loin; c'est une demie. Encore tant de temps à attendre! Pourquoi aussi avoir indiqué minuit? Par prudence; parce que cette heure où le sommeil étend avec force son empire est la plus favorable aux amours.

Encore un quart-d'heure d'attente; Henri, possesseur de la clé du treillage, pénètre en silence dans le jardin de madame Millet; et pour éviter le craquement du sable, dont le bruit trahirait sa présence en ce lieu, ne marche que sur le gazon. Le voilà près du bâtiment, et sous la précieuse croisée. Hélas! pourquoi son regard ne peut-il percer l'obscurité, pénétrer dans le sanctuaire de la beauté qu'il adore, et voir ce que fait Sylvie en cet instant. Dors-t-elle, ou pense-t-elle à lui? Amour! divin maître du monde, arbitre de toutes choses, ne permets pas que dans le repos la plus belle des femmes ose braver ta puissance; éveille Sylvie, rappelle-lui qu'un amant sincère et brûlant attend en ces lieux sa présence. Minuit! chaque coup de l'horloge vibre au cœur de Henri. Ils sont sonnés. Quelques minutes déjà d'écoulées, et elle ne paraît pas. Alors, le jeune homme perd courage, soupire la plainte. La demie! plus d'espoir; elle ne viendra pas, hélas! elle ne l'aime donc pas! Cette indifférence est affreuse; elle est un crime de lèze-amour. Savoir qu'il l'attend avec tant d'impatience : que sa présence serait pour lui la vie, le bonheur, et ne pas venir ! Mais pourquoi l'accuser ? elle n'a rien promis, hélas ! et n'est-ce pas de la part de Henri un point d'excessif amour-propre d'avoir exigé, compté même sur une semblable démarche d'une femme aussi vertueuse que belle ? Mais non, l'amour vrai se trahit autant par des preuves ridicules que par l'extrême timidité, et même la mauvaise honte ; et ces deux derniers sentimens sont sans nul doute ce qui retient Sylvie loin de lui. Peut-être alors un peu d'encouragement déciderait-il la jeune fille ? Oh ! si Henri pouvait s'approcher d'elle, lui faire entendre sa voix et ses supplications !

En pensant ainsi, le jeune homme se dirigeait sans bruit et à tâtons vers la petite porte de l'escalier donnant du jardin aux appartemens.

Oh ! bonheur, elle est ouverte ; voici la première marche, puis la seconde.—Amour, guide mes pas avec succès et prudence.

Cela disant, Henri montait doucement, doucement, et atteint sans bruit le premier étage.

— Deux portes ; laquelle est la sienne? celle-ci, sans doute, elle est fermée.

Et le jeune homme d'écouter long-temps, en retenant son haleine.

— Aucun bruit ; pas de lumière. Ah! si j'étais persuadé que ce fût là sa chambre ! Oui, je crois avoir entendu un soupir; plus de doute ! c'est elle qui pense à moi, qui n'ose se montrer, enfin c'est là sa demeure.

Et l'imprudent Henri gratte doucement sur la porte, en appelant Sylvie à voix basse. Vain espoir, Sylvie reste muette; et à sa place se font entendre de l'intérieur de la chambre les aboiemens de la petite chienne de la grand'maman, qui, le museau sous la fente de la porte, flaire et jappe tout en même temps.

— Qui donc est-là? Est-ce toi, Sylvie?

C'est madame Millet qui s'informe, sans obtenir de réponse, et qui, entendant sa chienne continuer ses chiens, renouvelle sa demande à haute voix.

— Maladroit! j'ai pris la porte de la mère pour celle de la fille.

— Sylvie! répond donc, est-ce toi?

Et la maudite bête de redoubler ses jappemens en grattant à la porte.

Il faut songer à la retraite, et lestement encore, car Henri vient d'apercevoir à travers les fentes paraître une lumière. Sans doute la grand'mère qui se lève afin de venir s'informer de la cause de tout ce bruit. En effet, à peine Henri a-t-il atteint le milieu de l'escalier, qu'il entend une porte s'ouvrir, et que, voulant presser le pas, le pauvre garçon opère une chute et va rouler du milieu de l'étage à la porte du jardin, où il se relève meurtri pour prendre sa course à travers les plates-bandes jusqu'à son pavillon, où il se blottit derrière la persienne, afin d'observer de loin ce qui va se passer.

— C'est un voleur, Sylvie! n'ouvre pas, je vais appeler Pitou.

Et madame Millet, toute effrayée, coure à une croisée donnant sur la cour, puis réveille le jardinier par ses cris, en l'engageant à faire sa ronde dans le jardin, surtout, armé de son fusil ! venant, ajoute-t-elle, d'entendre un grand bruit dans l'escalier de dégagement, et à sa porte même. Alors Pitou, à moitié habillé, va pour détacher Carlos, le chien dogue de la maison, afin de s'en faire accompagner ; mais Carlos de ne point se trouver dans sa loge, ayant la veille cassé sa chaîne pour aller prendre ses ébats dans le pays.

— Le gredin ! c'est lui qui se promenons par là-bas, et qui fesions tout ce tintamare qu'not' maîtresse prenons pour des voleux.

— Eh bien, Pitou, découvrez-vous quelque chose ?

— Que ce scélérat de Carlos avions de nouveau déserté, et que c'est lui qui vous avions réveillé ; répond Pitou, enchanté de trouver cet expédient, afin d'éviter la visite, et d'aller se recoucher au plus tôt.

En effet, satisfaite de l'éclaircissement, madame Millet se retire de la fenêtre, après avoir commandé au jardinier d'aller fermer la porte du petit escalier. Pendant ce temps, toujours aux aguets, Henri de sa croisée, a vu paraître et disparaître presqu'aussitôt une lumière chez Sylvie ; et, n'entendant plus aucun bruit, redescend au jardin, espérant que la jolie fille, attendrie par le danger qu'il vient de courir, consentira enfin à venir au rendez-vous. Erreur ! car le jour, à son aurore, vint surprendre le jeune homme dans l'attente et l'affliction sous la croisée de Sylvie.

— La cruelle ! me traiter avec une telle inhumanité ! me savoir attendre et souffrir, et ne pas daigner se rendre près de moi !

Comme Henri poussait cette plainte, et qu'il se disposait à se retirer, une main charmante, celle de Sylvie enfin, après avoir entrouvert la fenêtre, laissa tomber un papier aux pieds du jeune homme qui, dans le ravissement, s'empressa de le ramasser, et de payer ce souvenir de l'envoi d'un baiser.

En un instant Henri est sous le berceau de chèvrefeuille, en train d'ouvrir le bienheureux papier dans lequel il trouve un anneau d'or et les lignes suivantes :

« Que vous m'avez effrayée ! Est-il sage que vous vous exposiez ainsi ? Votre chute m'a glacée d'effroi et de crainte, pourvu que les résultats n'en soient pas dangereux ! Est-il possible aussi que vous ayez pu penser que je commettrai une démarche semblable à celle que vous exigez de moi ? Oh ! non, ne l'espérez pas, je mourrai cent fois de honte avant d'oser l'entreprendre. Contentez-vous donc, monsieur Henri, de savoir que vous ne m'êtes pas indifférent ; que même je vous préférerai pour époux à tout autre ; que mon cœur conservera toujours cette préférence ; mais ne demandez pas davantage ; et, en cherchant à abuser de mon amitié, n'essayez pas désormais à m'entraîner dans une action indigne d'une fille honnête. Que cet anneau, que je joins ici, devienne le gage de notre éternelle amitié ; conservez-le en souvenir de moi, et ne me le renvoyez que lorsque vous aurez cessé d'aimer celle qui se dit, pour la vie, votre meilleure amie.

» Sylvie. »

Henri, après avoir lu, couvre la bague, le papier de mille baisers, et en envoie autant à la jolie fille qu'il aperçoit au loin, cach e derrière la gaze de son rideau.

— Pauvre petite, quelle candeur ! elle m'aime ; oh ! oui, elle m'aime ! ce précieux présent en est une preuve certaine. Ah ! toujours, toujours à mon doigt ; et toi ! toi, charmant papier qui renferme le timide et naïf aveu de la plus aimée des femmes, sur mon cœur ! sans cesse sur mon cœur !

Et Henri pare sa main de l'anneau, puis met sur son sein le billet de Sylvie, après l'avoir relu vingt fois.

Enfant qui aime, en fait l'aveu, et croit échapper aux piéges du plus aimable des dieux. Ah! c'est en vain que tu veux t'en défendre, ma belle amie, ange de mon adoration, l'amour est notre maître à tous, et tous nous devons subir sa loi. Demain, oui, demain! il te faudra, près de moi, sur mon cœur, écouter mes douces paroles, recevoir mes premières caresses. Oui, c'est en vain que ta pudeur éloigne ce doux instant, car la ruse me conduira près de toi.

Accablé de fatigue, le jeune homme regagne sa chambre, et voulant goûter un instant de sommeil, il se jette sur le lit. Une heure à peine s'était écoulée lorsque plusieurs coups frappés sur la porte vinrent tirer Henri de son assoupissement. Il court ouvrir. C'est Max, son ami, absent depuis trois jours, qui se jette dans ses bras, qui l'embrasse avec force.

— Enfin, te voilà de retour; d'où viens-tu? ton absence sera-t-elle encore un secret pour ton ami?

— Non, non! s'écrie Max d'un air joyeux;

plus de secret. Pardonne, ami, celui que je m'étais imposé à ton égard, dans l'intention seulement de t'éviter un regret en cas de non réussite dans l'importante et douteuse affaire que j'allais entreprendre pour notre intérêt commun.

— Mais enfin, d'où viens-tu, et quelle est cette affaire?

— De Beauvais en Beauvoisis, disputer au papa Lagrué l'acquisition du berceau de ses pères.

— Quoi! ce château dont il nous parla il y a quelques jours?

— Lui-même, dont j'ai fait l'acquisition.

— Sans un denier vaillant?

— Comme tu dis; ce qui m'a contraint de le céder aussitôt contre cinquante mille francs de bénéfice.

— Tu plaisantes, sans doute?

— Tiens, regarde.

— Et Max d'éparpiller sur la table cinquante billets de banque de mille francs chaque.

— O surprise! ô bonheur ! s'écrie Henri tout palpitant de joie.

Et les deux amis de se prendre par les mains, et de danser une ronde en chantant et riant.

— J'espère que je t'ai tenu parole, et que nous allons mener joyeuse vie ? dit Max en se jetant sur le lit.

— Et faire l'amour à notre aise , répond Henri.

— Donner des présens, des dîners et des fêtes à nos maîtresses et amis , et à nous, un riche équipage pour traîner notre superbe indolence.

— Ah! quelle heureuse existence !

— Nous mangerons tout! tout! sans compter, Henri.

— Mais l'avenir ? observe Henri.

— L'avenir, pourquoi t'en inquiéter; n'avons-nous pas maintenant de quoi acheter des épouses belles et riches, dont la fortune, sagement économisée, nous amènera des jours de soie et d'or?

— Tu as raison, je puis éblouir, tout oser maintenant près de Sylvie et de sa mère.

— Sans doute! même enlever la fille, si la grand'mère te la refuse.

— Et toi, ne choisiras-tu pas une belle maîtresse? dit Henri.

— Elle est trouvée, mon cher; un ange, une perfection.

— Où donc as-tu trouvé semblable trésor?

Et Max de répondre à cette demande par le récit de ce qui s'est passé en diligence entre lui et Mariette, la jolie femme de l'étang.

— Elle t'a quitté pour courir soigner un mari qu'elle déteste, c'est bien, très bien! mais où vous retrouverez-vous?

— Ici, où je lui ai donné rendez-vous, répond Max.

— Écoute, écoute à ton tour.

Et Henri raconte à son ami ses progrès près de Sylvie, les aventures de la nuit dernière, et en lui montrant le billet et la bague.

— Cette jeune fille est à toi cette nuit même, si tu oses.

— Explique-toi, dit Henri.

— En t'introduisant chez Sylvie pendant son sommeil.

— Comment ?

— Par sa fenêtre et le moyen d'une échelle.

— L'effrayer ! Y penses-tu ?

— Un peu d'effroi est sitôt passé.

— Elle peut appeler du secours.

— Impossible, en te reconnaissant, surtout.

— N'importe ! ne fut-ce que par pudeur.

— Elle n'osera, la pauvre colombe, en ce que ta lettre justifierait ton audace, et pourrait la compromettre au vis-à-vis de sa mère.

— Si j'étais assez infâme pour oser m'en faire une arme contre sa résistance.

— Ce que nous nous garderons bien de faire, mais ce que craindra la chère enfant, et la rendra docile à nos vœux.

— Mais c'est une séduction, un viol que tu me conseilles-là.

— Sot! qui te conseille de violer? personne! fais seulement en sorte d'obtenir de bonne grâce, et un bon mariage devient inévitable entre toi et Sylvie. A propos, j'oubliais de te dire que, prêt à céder mon château à cet excellent M. Lagrue, j'ai eu soin de distraire deux arpens de bois de ce vaste domaine, lesquels demeurent notre propriété, et dont la vente, un jour au besoin, nous procurera une assez jolie somme.

— Il ne faut pas nous en défaire, Max; nous ferons bâtir une jolie maison, conseille Henri.

— Bonne idée! j'accepte. Nous causerons de cela un peu plus tard; ne nous occupons en ce moment que de fêter Sylvie et sa mère, d'établir entre elles et nous une parfaite intimité, et commençons dès aujourd'hui par leur rendre le déjeûner que nous avons accepté.

— Et par aller payer le loyer de notre pavillon, dit Henri.

— Excellent prétexte! répond Max.

X.

UNE FILLE MAL GARDÉE.

A onze heures de la matinée, Henri et Max se présentaient chez madame Millet, après s'être fait annoncer.

— Des débiteurs qui viennent, madame, s'acquitter envers vous.

— Comment cela, messieurs ?

— Vous payer le montant de la location

du charmant séjour que vous avez consenti à nous louer, plus, pour vous inviter à être des nôtres dans une délicieuse promenade aux bois de Versailles.

— Ce matin, impossible, messieurs; ce qui n'empêche pas, ma fille et moi, de vous remercier cent fois de cette aimable invitation.

— Comment, mesdames, vous nous refusez ; cependant une calèche vous attend à la grille.

— Voilà qui est des plus galant; mais Sylvie a passé une mauvaise nuit, et se sent indisposée ce matin.

— Ce teint de lys et de rose ! Malade ! allons donc! de l'exercice, le grand air, et cela se dissipera.

— Non, non, n'insistez pas, de grâce.

— Vous pardonnerez, mesdames, mais nous persistons; quelques tours sous ces frais ombrages, un déjeûner champêtre, et dans deux heures nous vous rendons à vous-mêmes.

La grand'maman résiste long-temps encore ; et Sylvie, consultée par elle, Sylvie dont les yeux expriment le désir, finit par avouer que le grand air lui fera beaucoup de bien.

— Allons, je sens qu'il y aurait mauvaise grâce à moi de lutter contre trois volontés. Quelques instans, messieurs, pour faire un bout de toilette, et nous sommes à vous.

Les deux amis, enchantés de leur victoire, vont attendre les deux dames au jardin où Pitou vient leur annoncer la visite de M. Boneau, qui en ce moment les attendait au pavillon.

— Eh! ce cher Boneau ! s'écrie Max en s'avançant, suivi de Henri, à la rencontre du receveur des contributions.

— Vous voilà de retour, mon jeune ami, tant mieux, car, parole d'honneur, ma Rose et moi mourions d'ennui durant votre absence.

— Comment se porte-t-elle, cette gentille madame Boneau ?.

— Comme ci, comme ça, un peu indisposée, un peu pâle. A propos, monsieur

Henri, savez-vous que je vous en veux?

— A moi, monsieur Boneau?

— Certainement; comment! ne pas être venu nous voir une seule fois pendant l'absence de votre ami!

— Vous avez raison ; je suis coupable et avoue mon impolitesse; mais n'en accusez que les graves occupations qui ont employé tout mon temps ; mais je compte fermement réparer mes torts.

— A la bonne heure! Ah ça, mes jeunes amis, vous saurez que ma visite de ce jour est afin de vous prévenir que le baptême est pour après-demain, toute notre famille devant se rendre à Ville-d'Avray.

— Fort bien ! je vais faire dès demain mes dispositions, répond Max.

— Mon cher ami, pas de folie; nulle dépense, surtout!

— Quelques bonbons, c'est le moins, j'espère.

— Mais voilà tout. C'est moi, reprend le receveur, qui se charge de tous les frais, qui donne la fête, le dîner, le bal!

— Peste ! mon cher Boncau, vous vous disposez, à ce qu'il paraît, à faire les choses en grand ?

— Sans vous parler du feu d'artifice de ma composition.

— Superbe ! exclame Henri.

— Dites-moi, tenant à avoir bonne compagnie, ferais-je bien d'inviter à cette fête de famille votre propriétaire et sa jeune fille ?

— Je n'y vois nul inconvénient ; mais je doute qu'elles acceptent, répond Henri.

— Motus, alors, car je n'aime pas les refus de gens plus riches que moi.

— Essayez cependant, dit Max.

— Volontiers, à condition que vous appuierez ma demande, car on les dit un peu fières, ces dames.

— Les cancaneurs du village, cela se conçoit.

— Ça, mes amis, je viens déjeûner avec vous.

— Diable ! avec tout le plaisir que nous

aurions à vous bien recevoir, cette satisfaction nous est interdite ce matin.

— Bah! pourquoi cela?

— En ce que nous avons invité madame Millet et sa demoiselle à une promenade en calèche, et que ces dames nous attendent en ce moment pour partir.

— Une promenade en calèche! superbe! j'adore cela, moi; j'en suis, dit Boneau.

— Ce serait avec plaisir que nous vous admettrions, si notre voiture était assez grande, répond Henri fort contrarié.

— Votre voiture! je l'ai aperçue en me rendant ici; magnifique calèche, où l'on tient six à l'aise.

— Maudit homme! murmure Henri.

— Mon cher Boneau, que n'ai-je prévu votre désir de nous accompagner, j'aurais au moins annoncé votre présence à ces dames; mais, à vous parler franchement, je crains de les contrarier en admettant près d'elles une personne qui leur est tout-à-fait inconnue, fait entendre Max.

— Bah! plus on est de fous, plus on rit;

et, à moins qu'elles ne soient des bégueules...

— Ces dames sont à votre disposition, messieurs, vient annoncer une femme-de-chambre.

— Partons ! dit le receveur.

— Encore une fois, mon cher Boneau...

— Laissez, laissez, j'aurai bientôt fait connaissance avec elles.

— Voilà un homme terriblement entêté, pense Henri avec impatience.

Et tous trois traversent les jardins, pour rejoindre madame Millet et Sylvie, qui attendaient sous le pérystile.

— Voulez-vous bien permettre, mesdames, à un ami intime de ces messieurs de participer à votre promenade, et d'avoir l'honneur de faire votre précieuse connaissance ? dit le receveur en abordant la grand'mère et la jeune fille, et leur adressant le plus aimable salut.

— Certainement, monsieur, votre société ne peut que nous être agréable, répond en souriant madame Millet, malgré les signes que lui fait Max, placé derrière M. Boneau.

— Faites donc avancer la voiture, dit Henri, fort contrarié, en s'adressant à Pitou, planté en ce moment au milieu de la cour.

Ils sont en calèche ; les deux dames en occupent le fond, les trois messieurs la banquette du devant.

— A Versailles. Partez, cocher.

En sortant de la grille, une voix se fait entendre, en criant d'arrêter.

— Comment! c'est toi, chérie? dit M. Boneau, qui reconnaît son épouse.

— Où allez-vous donc ainsi, monsieur? demande Rose à son mari, tout en répondant au salut de la société.

— A Versailles, faire une promenade avec ces messieurs et ces dames. Veux-tu être des nôtres, ma biche? En nous serrant un peu, je crois qu'on pourra te faire une place.

En parlant ainsi, le receveur lance un regard aux dames, comme pour indiquer l'espace existant entre elles deux. Henri poussé à bout, laisse échapper un geste d'impatience. Max, fort embarrassé, ne dit mot ; et madame Boneau d'accepter aussitôt la proposition, si cela ne gêne pas trop ces dames. Madame Millet, toujours bonne et accommodante, serre Sylvie près d'elle, afin de faire place à Rose qui, d'un saut, vient s'y installer de l'air le plus satisfait du monde.

Ils roulent; les visages se dérident, parce que madame Millet et Sylvie, qui ont deviné la pensée de Max et de Henri, accueillent gracieusement l'épouse du receveur, dont le joli minois les intéresse, cela afin de prouver aux deux amis que ce surcroît de société ne leur déplaît en rien.

M. Boneau est placé en face Sylvie, au grand déplaisir de Henri, qui a madame Millet pour vis-à-vis. Rose est donc devenue la partage de Max, et ce dernier serait loin de s'en plaindre si, chaque aimable parole que le jeune homme adresse à la mère ou à la fille, Rose ne lui écrasait le pied avec le sien.

— Cette femme serait-elle jalouse ? ce serait dommage !

M. Boneau ne cesse de s'extasier sur la commodité d'une voiture, sur l'excellence de celle-ci ; d'exprimer le désir qu'il aurait d'en avoir une semblable, si ses moyens le lui permettaient.

Rose a entamé une conversation avec madame Millet, à laquelle Max vient de se mêler ; Henri dévore Sylvie de ses regards tendres et amoureux, et la jolie fille relève de temps à autre sa timide paupière, pour porter aussi les yeux sur son amant. Rose n'a pas d'esprit, mais du bon sens, puis elle est de bon ton, et, joint à cela autant de douceur dans la voix que dans la physionomie ; aussi plaît-elle infiniment à la grand' maman, sans déplaire non plus à Sylvie. Quant au receveur des contributions, dont les paroles ne tarissent pas, il amuse plus qu'il n'ennuie la société.

Les bois de Versailles, puis la recherche d'un restaurant un peu confortable, car l'appétit est grand. Impossible, on ne rencontre que des gargottes.

— Retournons à Versailles.

— Fi donc! on est venu pour déjeûner à la campagne, et non à la ville.

— Une idée!

— Voyons.

— Attendons, en nous promenant dans ces bois, celui de nous qui, conduit par la voiture, ira chercher le déjeûner à la ville.

— Approuvé!

Max se charge de ce soin, et promet d'être promptement de retour. Rose offre de l'accompagner.

— Volontiers.

Une femme ne nuit pas en pareille circonstance. Et la voiture de les emmener au galop.

Le rendez-vous a été donné sous un couvert de châtaigniers. En attendant le déjeûner et le retour des deux pourvoyeurs, une promenade est proposée. M. Boneau offre son bras à madame Millet, qui l'accepte, et l'heureux Henri reçoit celui de Sylvie, dont le doux toucher l'électrise d'amour et de bonheur.

— Ainsi donc, vous repoussez ma prière? nul espoir pour moi de vous entretenir sans témoins importuns.

— Non, jamais je ne me sentirai la force de trahir ainsi la confiance de ma bonne mère.

— Cruelle! soupire Henri.

— Mon Dieu, pourquoi exiger une telle chose, et qu'espérez-vous de ce rendez-vous secret?

— Tomber à vos genoux, vous énoncer tout l'excès de ma passion, obtenir de vous cette intelligence douce et innocente que je réclame, voilà ma seule espérance, et j'atteste le ciel que, pour prix de cette confiance, je respecterai l'être céleste qui, sans crainte, sera venu à moi.

— Hélas! ne savez-vous pas que je suis sensible à votre hommage, et ce gage qui brille à votre doigt ne vous est-il pas un sûr garant de mon éternelle amitié?

— Oui, votre précieux billet m'a dévoilé le secret de votre cœur, il a rempli le mien de charme et d'ivresse; mais qu'il me serait doux, oh! ma divine amie, d'entendre cette jolie bouche confirmer mon bonheur, me faire entendre le mot : *Je t'aime !* Sylvie, je vous conjure d'être sensible à mes vœux, un instant, un seul instant d'entretien, ce soir, près du bosquet de la statue.

— Ah! si vous m'aimez, monsieur Henri, cessez encore une fois d'exiger que, par une démarche coupable, je trahisse mes devoirs et me rende indigne de votre estime.

— Vous, indigne de mon estime, oh! jamais!

— Chaque jour ne nous est-il pas permis de nous voir, de nous exprimer le plaisir de nous connaître, et de nous aimer?

— Mais non de nous le prouver, hélas! puisque sans cesse votre aïeule nous observe.

— Nous le prouver... murmure doucement Sylvie.

— Oui, par de tendres caresses, par mille sermens d'amour.

Cela disant, Henri, qui avait aperçu M. Boneau et madame Millet disparaître dans un petit sentier, s'était emparé de la main de la jeune fille, qu'il portait à ses lèvres sans éprouver la moindre résistance.

— Oh! ma Sylvie, point de vraie sympathie entre deux amans, tant qu'un doux baiser déposé sur des lèvres divines n'a point fait circuler dans tous les fibres de leur cœur le délire et l'amour.

Et en écoutant, la jolie fille rougissait beaucoup, baissait les yeux vers la terre; Henri alors glisse vivement son bras autour de sa taille, l'attire à lui et sur son cœur. Sylvie, effrayée, relève la tête, et le jeune homme dépose sur sa bouche le plus suave des baisers. Oh! quel trouble étrange éprouve en ce moment Sylvie; quel doux frémissement cette caresse fait circuler délicieusement partout son être;

comme son cœur bat avec violence! C'est sur le bras de l'amant audacieux que son corps sans force cherche un appui que lui refusent ses jambes en cet instant.

— Sylvie, à ce soir, n'est-ce pas?

Mais elle répond à cette demande par un petit signe de tête négatif.

— Allons donc, traîneurs, fait entendre la voix de M. Boneau.

Et les deux amans pressent le pas, tournent le sentier et se montrent à madame Millet.

Ils ont, par un détour, regagné le couvert de châtaignier; lieu charmant, ombrage frais, gazon fleuri qu'arrose le ruisseau limpide d'une source dont le bassin se trouve au pied d'un arbre. C'est là qu'ils se proposent de déjeûner, et de fort bon cœur, car l'appétit les tourmente avec force.

Enfin, voilà la calèche; elle approche, elle s'arrête. Un garçon traiteur, assis près du cocher, accompagne le déjeûner. Max et Rose descendent. Henri remarque que la jeune femme a les yeux brillans et une joue plus rouge que l'autre. Une nappe est étendu sur l'herbe, puis pâté, volaille, gibier, poisson, pâtisserie.

— Quelle profusion ! s'écrie madame Millet à la vue de tant de mets.

— A table !

— De l'excellent vin ! fait entendre le receveur en dégustant un verre de bordeaux-Laffite. La gaîté est parfaite, le déjeûner excellent. M. Boneau regrette de ne pas avoir une grande fortune qui lui permette souvent de semblable partie, et tout en parlant il boit et mange comme quatre.

Le baptême est mis sur le tapis, et annoncé à madame Millet ainsi qu'à Sylvie. Rose ose espérer que ces dames ne refuseront pas de venir porter bonheur au nouveau-né, en honorant son baptême de leur présence. Refus et remercîmens de la grand'mère, insistance de la part de Max et de M. et madame Boneau. Ces dames n'osent accepter; elles sont inconnues à la famille. Alors, grandes supplications du parrain, de la marraine, ainsi que du receveur;

— Je vous en supplie, mesdames, ne me refusez pas ; la fête sera charmante et dirigée par moi, le feu d'artifice entièrement de ma façon. C'est dit, n'est-ce pas ? vous acceptez, nous comptons sur vous.

— Non, non, vous êtes trop poli, mais nous ne pouvons accepter cette aimable invitation.

— Hélas! ma chère petite filleule ne vous intéresse donc pas en sa faveur, que vous refusez absolument de lui porter bonheur ? dit Rose. Ah ! mesdames, c'est au nom de cette innocente que je vous conjure de vous départir de cette rigueur.

Elles acceptent enfin ! Alors, grande joie et nombre de remercîmens.

— De l'eau, messieurs, de l'eau ! vous voulez, je crois, nous étourdir, fait entendre madame Millet, à qui Max vient d'emplir son verre de champagne.

— De l'eau ! il n'y en a plus.

— Quel dommage ! j'ai si soif encore.

— Attendez, attendez, mesdames! je vais vous en puiser au bassin de cette jolie source, véritable cristal, dit M. Boneau se levant et s'emparant de la caraffe.

— Pourquoi vous déranger? laissez faire le garçon.

— Non pas! j'ai crainte qu'il ne trouble la pureté de cette eau limpide.

Et cela dit, M. Boneau, un peu étourdi, court au bassin, s'agenouille, se penche vers le fond; alors, la tête emporte le derrière, le receveur fait la culbute, le plongeon, et barbotte dans la vase en criant à son secours.

Henri, qui de loin a vu l'accident, accourt aussitôt et retire l'infortuné Boneau.

— J'en mourrai!

— Non, n'ayez pas peur.

— Dans une eau glaciale, et après déjeûner, c'est sûr!

— Bah! cela ne sera rien.

Pendant ce colloque est accourue la société entière, pour plaindre et secourir le pauvre baigneur, qui, trempé de la tête aux pieds, grelotte, et dont les vêtemens dégouttent l'eau en abondance.

— Que faire? comment le débarrasser de ses habits sans en avoir d'autres à lui remettre?

C'est Max qui s'en charge, qui entraîne le receveur derrière un buisson, l'aide à se déshabiller, l'essuie, l'enveloppe dans une nappe, et lui fait avaler quelques verres d'un excellent Malvoisie, en lui conseillant d'attendre avec patience que le soleil ait séché ses habits; ce à quoi, et bien malgré lui, se voit condamné l'infortuné Boneau.

La gaîté, qu'un instant a interrompu l'accident, reprend enfin son cours. Le café vient d'être pris; Henri cause avec Sylvie et la grand'mère; madame Boneau cherche autour d'elle du trèfle à quatre feuilles, chose fort rare, et qui, selon elle, porte infiniment bonheur. Max aide Rose; tous deux se sont levés et parcourent le gazon.

— En voici, s'écrie le jeune homme.

Et Rose court rejoindre Max dans le

taillis, où il s'est enfoncé en cherchant le précieux talisman.

— Que faites-vous?... Max! je vous en conjure... d'ailleurs, monsieur, je suis fâchée contre vous, de ce qu'aussitôt votre retour vous n'êtes pas venu me voir... Finissez, monsieur... mais finissez donc!...

— Voyons, le tenez-vous? montrez-le moi! criait de loin, durant ce temps, M. Boneau, curieux de voir le talisman que cherchait Max avec sa femme.

— Oui, j'y suis; dans l'instant nous sommes à vous! répond l'amant heureux.

Ils sortent du taillis l'un après l'autre, et par un chemin différent.

— Tenez, mon ami, prenez ce trèfle, il vous portera bonheur, dit Rose en s'approchant de son époux, et lui remettant un brin de l'herbe précieuse.

— Ah! si sa vertu, Bichette, pouvait combler mes désirs et te rendre féconde! enfin nous donner un petit héritier, répond le mari, cherchant à donner à ses yeux une expression de tendresse.

— Finissez donc, mon ami, ne louchez donc pas comme cela; ayez confiance dans ce talisman, et espérez, car son pouvoir est aussi grand qu'infaillible.

— Crédule! exclame M. Boneau, toujours accroupi sur l'herbe et enveloppé de la nappe, ce qui ne lui donne pas mal l'air d'un squelette dans son linceul et s'échappant de la tombe.

— Bichette, je meurs d'ennui en ce coin, vois donc si mes habits sont secs.

Et la jolie femme s'éloigne pour rejoindre la compagnie.

Le couvert est enlevé, et la calèche en route pour reporter le tout à la ville.

Quatre heures, il est enfin permis à M. Boneau de reprendre ses vêtemens, quoi qu'ils soient encore fort humides.

Cinq heures; on remonte en voiture; le temps est frais, il promet une promenade et un retour agréable. De longs détours dans les bois, puis on se dirige vers Ville-d'Avray, où l'on arrive à bon port à la neuvième heure du soir.

La société est conviée à venir se reposer un instant au salon. Chacun se rend à cette invitation de la maîtresse de la maison. Un peu de musique pour couronner cette gaie journée, puis on se sépare à onze heures; M. et madame Boneau enchantés de l'accueil de madame Millet et de sa charmante fille, et en emportant la promesse de ces dames d'assister le surlendemain à la fête du baptême.

Max et Henri regagnent, en causant, leur pavillon. Henri jette les yeux sur la fenêtre de Sylvie, puis soupire. Le regard de Max a suivi la même direction ; alors le jeune homme arrête son ami :

— Vois, elle est ouverte, cette fenêtre; bientôt Sylvie va se rendre chez elle; du courage, Henri.

— Qu'exiges-tu?

— Que par un coup hardi tu brusques l'indécision de ce petit dragon de vertu, qui te refuse un innocent rendez-vous. Henri, elle t'aime, tu ne cours donc aucun risque; vite donc à l'escalade !

— Max, y penses-tu? me cacher chez elle, la faire mourir de frayeur...

— Évanouir, voilà tout, chose des plus propices à tes projets; d'ailleurs, tes caresses la ranimeront; hâtons-nous. Près d'ici j'ai remarqué une échelle.

— Non, non! impossible! ce serait infâme.

— Fort adroit, dis-donc, et un sûr moyen de réussir.

— Quel conseil!

— Tu m'en remercieras demain matin.

Puis, sans en écouter davantage, Max court près d'une charmille, en rapporte une échelle qu'il place sous la fenêtre de Sylvie.

— Allons, heureux coquin, point de faiblesse; monte, élève-toi vers l'autel de l'amour.

— Max pousse Henri, monte derrière lui, lui fait enjamber le balcon; puis, redescendu au plus vite, retire l'échelle et s'éloigne.

— Quelle audace! oserai-je me montrer à elle? daignera-t-elle me pardonner? pensait Henri en parcourant à tâtons cette chambre chérie et inconnue. Un lit; c'est le sien! et Henri d'y déposer un baiser. Du bruit; c'est elle! Henri tremble. Où se cachera-t-il? Ah! dans ce cabinet vitré, derrière ces robes suspendues après la muraille. La porte s'ouvre, c'est Sylvie, une femme de chambre l'accompagne.

— C'est bien, Sophie; je n'ai plus besoin de vous; dégraffez-moi seulement, et allez vous reposer.

Encore un instant, puis la jeune fille est seule; c'est à sa fenêtre qu'elle court se placer. Là, ses yeux plongent dans l'obscurité, elle soupire. Henri, à travers le rideau du cabinet, contemple tous ses mouvemens. S'il se montrait?...

— Non; pas encore, elle le chasserait; il vaut mieux attendre son sommeil... Pauvre petite, comme elle paraît pensive! Elle s'asseoit près de la fenêtre; son regard ne peut se détacher du pavillon où elle aperçoit au loin la lumière briller à travers les fenêtres.

— Oui, je l'aime et l'aimerai toute ma vie, mon Henri ! il est si beau! il est si bon!

Sylvie, en prononçant ces mots avec ame et passion, envoie un baiser par sa croisée, en priant le vent de le porter à son adresse.

— Personne ce soir au jardin... Hélas! il est peut-être fâché de mon obstination à refuser ce qu'il me demande? Ah! si j'osais ! si je ne craignais de mal faire !

Puis une douce rêverie; puis une heure du matin qui tinte à la pendule, et Sylvie quitte ses vêtemens, découvre aux yeux attentifs et charmés de l'amant mille trésors dignes des dieux, un sein, assemblage de toutes les voluptés; un bras! une jambe parfaite. Hélas! plus rien; car Sylvie vient d'éteindre la lumière.

Plus de bruit; seulement un léger murmure; c'est une prière que Sylvie balbutie, agenouillée près de son lit.

Une demi-heure s'écoule...

— Elle dort, sans doute.

Alors Henri, plus tremblant que la feuille agitée par le vent, ouvre doucement, doucement, la porte du cabinet, en sort, s'approche du lit, après lequel il se soutient, tant il se sent faible, tant son cœur bat avec violence.

— Qui est là, mon Dieu? s'écrie Sylvie avec effroi ; Sylvie, éveillée par le léger attouchement du jeune homme, en poussant un cri affreux et s'élançant dans la ruelle du lit.

— Par pitié, ne vous effrayez pas! c'est moi; moi, ton Henri, ô ma Sylvie.

— Quoi! vous ici, monsieur? vous avez osé?... comment y êtes-vous entré?

— Durant votre absence, par cette fenêtre, répond l'amant d'une voix douce, timide, et agitée par la crainte.

— Partez! partez tout de suite, monsieur, si mieux vous n'aimez me voir mourir à vos yeux de honte et de frayeur, s'écrie la jeune fille fondant en larmes.

— Partir! oh! mon amie, sans un mot de consolation ni d'amour.

— Rien! rien! partez, encore une fois, votre présence me tue!

— Oh! ma Sylvie! qu'avez-vous à craindre de moi, de moi, qui, timide et tremblant, implore à genoux une grâce et quelques mots de votre bouche divine! de moi, qui mourrais plutôt mille fois que d'encourir votre haine.

Pas de réponse, mais de douloureux sanglots.

— Sylvie, fait entendre de nouveau Henri en s'emparant de la main que la jeune fille avance pour repousser la sienne; Sylvie, au nom du ciel! daigne m'entendre, toi de qui j'envie la possession, toi que je veux pour épouse, pour compagne de ma vie ; va, ne crains pas, car je respecte en ta personne la vertu et la faiblesse ; loin de moi l'idée de ternir ta pureté. Oui, c'est ta voix seule, ta voix si douce à mon cœur que je viens entendre ici, près de toi.

Cela disant avec tendresse, Henri caressait la main que Sylvie oubliait dans la sienne. Tiens, mon amie, sens mon cœur, comme il bat avec violence, reprend le jeune homme; de grâce! une parole, un pardon de ta bouche pour calmer son agitation, car elle me brise, me tue !

En effet, Henri, succombant en ce moment sous le poids de son malaise et de son émotion, s'évanouit et tombe au pied du lit. C'est alors que la douleur, la pitié et l'effroi sont à leur comble chez la pauvre Sylvie, car le bruit de la chute et le silence de son amant lui révèlent son état. Hors d'elle, elle se jette à bas du lit, et de son pied foule l'infortuné Henri sans connaissance; Sylvie se couvre à la hâte, allume la bougie qu'elle dépose sur la cheminée, puis accourt près de son amant, le contemple avec frayeur.

— Comme il est pâle, mon Dieu ! s'il allait mourir ; ah ! il me faudrait alors expirer avec lui.

Sylvie, tremblante et troublée, les yeux en larmes, se baisse vers Henri, prend sa tête, l'appuie sur son genou.

— Henri, Henri ! revenez à vous ; oui, je consens à vous entendre, à vous dire : je t'aime !

Pas de réponse...

— O ciel ! que faire ? Ah ! des sels.

Et Sylvie repose doucement la tête chérie sur le tapis, court ouvrir le tiroir d'un petit meuble pour y prendre un flacon.

Une demi-heure de la plus pénible anxiété, Henri respire enfin, et son premier soupir porte au cœur de la jeune fille espoir et consolation. Un verre d'eau sucrée, placé chaque soir sur le somno, auquel Sylvie joint quelques gouttes d'un élixir, achève de ramener le jeune homme à la vie.

— Que vous m'avez fait peur, monsieur; voyez l'état dans lequel vous a plongé votre vilaine action, dit Sylvie d'une voix douce à celui dont, en ce moment, la tête repose sur son sein.

— Ah! parle encore, encore! ma Sylvie; car en cet instant je crois avoir vécu, et quitté la terre; je crois me réveiller dans le ciel, dans les bras d'un ange, fait entendre Henri, en fixant son tendre regard sur l'angélique figure de la jeune fille.

— Non, monsieur, vous n'avez cessé d'habiter sur la terre; oui, vous êtes en ce moment près d'une pauvre fille que vous désolez, que vous rendez bien coupable; et à qui vous refusez les portes de ce même ciel où vous croyez l'avoir rencontré.

— Hélas! je vous ai bien effrayée, n'est-ce pas?

— Beaucoup!

— A vous la faute, qui m'avez si mal accueilli.

— Hélas! pouvais-je tout de suite maîtriser l'effroi, la surprise et l'indignation où m'avait plongé votre témérité.

— Ma témérité? fait entendre Henri.

— Oui, monsieur, que je ne puis même comprendre et pardonner.

— Quoi! vous m'en voulez encore? n'est-il aucun moyen d'obtenir mon pardon?

— Oui, en vous éloignant aussitôt, maintenant que vous vous portez mieux.

— Sans m'avoir entendu, moi qui ai tant de choses à vous dire.

— Allons, parlez vite, monsieur, et partez ensuite; mais avant quittons cette position, et prenons des siéges.

— Non, restons, on est si bien ainsi.

Assis sur le tapis, près l'un de l'autre, Henri, le bras passé autour de la taille de la jolie fille, était à même de la presser sur son sein, de sentir son cœur palpiter d'amour et de crainte, et plus encore de caresser de ses lèvres sont charmant visage : douce et précieuse position qu'il avait fort raison de préférer à tout autre.

— Sylvie, un mot?

— Lequel, monsieur?

— Celui : je t'aime.

— Ne vous l'ai-je pas écrit, cela doit vous suffire.

— Il est encore mille fois plus doux de l'entendre prononcer par la bouche de celle qu'on adore; Sylvie, dis-moi je t'aime!

Sylvie n'ose, baisse les yeux, et rougit beaucoup.

— Hélas! doit-il donc tant en coûter pour faire parler son cœur; Sylvie, dis-moi je t'aime, Henri.

— Eh! bien, oui, monsieur, je vous aime, êtes-vous content?

— Ivre de joie, mais il faut m'en donner l'assurance d'une manière plus tendre encore, et répéter comme moi : je t'aime.

La jolie fille de murmurer : je t'aime, Henri, et Henri, fou d'amour, couvre de baisers brûlans la bouche qui vient de le combler de joie et d'ivresse; et comme les amans ne sont jamais satisfaits, le jeune homme exige encore que les lèvres de Sylvie répondent au mouvement des siennes, et elle, non moins aimante, obéit malgré elle, rend caresse pour caresse, redit cent fois : je t'aime, mon Henri, et les lèvres de Henri de s'écarter de la bouche charmante, pour s'égarer sur un gracieux menton, un cou parfait, un sein admirable. Alors Sylvie appelle la sagesse à son aide, demande grâce, et de ses belles mains s'empresse d'arrêter une aussi audacieuse invasion.

— Henri! il faut vous éloigner, partez! partez vite, car votre audace me fait commettre de bien vilaines choses.

— Enfant! est-ce donc faire mal que de suivre les plus belles lois de la nature, de cette nature qui t'a fait si belle, pour aimer et être aimé, pour combler de félicité, d'ivresse et de bonheur, celui que ton cœur devait préférer? Ah! chasse toute crainte enfantine, ma Sylvie, car ta mission est de faire un heureux sur la terre et d'inspirer à tous l'amour et l'admiration; ne cherche donc pas à t'affranchir d'un devoir aussi doux, [aime-moi comme je t'aime, et que les plus tendres caresses scellent ici le serment de nous être fidèles pour la vie.

— Hélas! Henri, si un jour il fallait nous séparer, ne plus nous revoir!

— Pourquoi cette odieuse pensée? Ah! jamais loin l'un de l'autre, toujours ensemble, toujours unis.

— Et ma grand-mère, ne devons-nous craindre qu'elle nous sépare?

— Bientôt, certain de ton amour, de ta volonté, je dois lui demander ta main.

— Ma main? Oh! oui, devenir ta femme, ne plus te quitter... Mais, hélas! sera-t-elle maîtresse de me donner à toi?...

— Ne dépends-tu donc pas d'elle seule?

— Non! murmure péniblement Sylvie, en baissant la tête et laissant échapper une larme.

— Quoi! un autre a des droits sur ta personne. Ah! parle, explique-toi, Sylvie; quel est cet autre, et que dois-je redouter?

— Ne m'interrogez pas, Henri, ce secret ne m'appartient pas, je ne puis le divulguer.

— Ah! cet homme, sans doute; oui, ce doit être lui.

— De qui parlez-vous, mon Henri? demande Sylvie avec surprise.

— De cet homme qui souvent vient ici le soir, que tu sembles toi-même aimer et respecter, de celui enfin qui paraît avoir le droit de te prodiguer ses caresses, et de recevoir les tiennes.

Ici, Sylvie garde le silence.

— Réponds, Sylvie, quel est cet être privilégié dont j'ai vu la bouche caresser ton front, les bras te serrer sur son cœur?

— Je ne puis te l'apprendre, Henri.

— Pourquoi ce mystère? est-il ton père, ton parent, l'ami de ta famille? toi-même, es-tu donc orpheline? Oh! réponds, réponds, afin que je puisse apprécier les obstacles qui pourraient s'opposer un jour à notre union, réponds, afin qu'il me soit possible de les vaincre.

— Ah! mon ami, fait entendre la jeune fille, c'est au nom de l'amitié que vous dites avoir pour votre Sylvie, qu'elle vous conjure de ne point l'interroger. Je dois me taire, Henri, il le faut; mais demandez-moi à ma grand-mère, et croyez que votre amie vous secondera de tout son pouvoir.

Henri, autant inquiet que curieux, n'insiste cependant pas davantage; alors, entre les deux amans, recommence un tendre entretien, se fait entendre un doux murmure de caresses. Sylvie, tout entière au bonheur d'aimer et d'être aimée, s'abandonne mollement entre les bras de son amant, reçoit ses baisers, lui prodigue les siens, lui fait répéter cent fois le serment qu'il la chérira toujours.

Henri! l'heureux Henri, quelle félicité pour lui s'il osait. Mais, non!. à l'amour que lui inspire cette jeune fille, se mêle un respect qu'il ne peut surmonter, et cependant ses désirs sont grands, les conseils de Max bourdonnent encore à ses oreilles ; est-ce faiblesse, timidité ? Cependant sa main audacieuse, guidée par le délire et les sens, a osé se reposer sur des appas enchanteurs, parcourir mille charmes trop tentateurs, et Sylvie ne l'a point arrêté, hélas ! parce que, jeune et vierge, elle ne peut redouter ni penser à un mal qu'elle ignore. Oh ! alors, il y aurait infamie à la flétrir, à profiter de son erreur, et pourtant Max lui a dit, ce serait le sûr moyen de s'assurer la main de cet ange. Oui, mais alors plus de rose à cueillir le jour de l'hymen, bonheur imparfait, plaisir flétri, anticipé. Décidément, l'honneur l'emporte sur les désirs, Henri respectera la vierge assoupie sur son sein, l'ange que ses caresses ont plongé dans un anéantissement dont son regard admire la beauté parfaite, le front pur et blanc, celle enfin qui, en cet instant, ouvre son bel œil et sourit à l'amant que son cœur a choisi.

— Voilà le jour qui commence à paraître, Henri, il faut nous séparer.

— Encore un instant, ma Sylvie.

— Par grâce et prudence, éloigne-toi.

— Pour revenir la nuit prochaine, murmure Henri.

— Non, je n'ose.

— C'est ton amant, ton époux qui implore cette faveur; m'ouvriras-tu, Sylvie!

— Oui!

En prononçant ce mot bienheureux, la jolie fille, qui jouait avec la main de l'amant chéri, arrêta son regard sur une bague surmontée d'un petit Christ.

— C'est un don de ma mère, accepte-le comme gage sacré de mon serment, et ne me le renvoie que lorsque tu auras cessé de m'aimer.

— Alors, toute la vie à mon doigt, répond Sylvie qui s'en empare.

— Adieu, Henri, à bientôt!

Puis la dernière caresse, une porte qui s'ouvre doucement, un jeune homme qui s'échappe, traverse le jardin en longeant les murs et atteint le pavillon.

te mordre les doigts, après avoir été la dupe de tes sots scrupules, maintenant, rendons-nous chez ces dames, afin de réclamer près d'elles le service en question.

Ces derniers mots de Max étaient la fin du long entretien qui venait d'avoir lieu entre les deux amis, après un aveu de la part de Henri, de tout ce qui s'était passé la nuit dernière entre lui et Sylvie.

Il était onze heures du matin, alors qu'ayant tout dit Max et Henri se présentèrent chez madame Millet qu'ils trouvèrent, ainsi que sa jolie fille, occupées à broder dans un joli boudoir.

— Pauvre petite ! comme la fraîcheur de ses joues augmenta à la vue de son amant ; quant à la grand'maman, toujours radieuse, elle s'empressa aussitôt d'inviter ses voisins à s'asseoir.

— Vous voyez, mesdames, l'homme le plus embarrassé du monde, et qui vient vous supplier de vouloir bien l'initier dans l'art d'être parrain, dit Max en s'asseyant.

— Rien de plus facile et de moins aisé, monsieur, répond madame Millet.

— Veuillez vous expliquer, madame.

— D'abord, rien de plus facile que d'accompagner un nouveau-né à l'église, de le gratifier d'un nom, de répondre, lorsque le prêtre vous demandera si vous renoncez à Satan, à ses pompes et à ses œuvres, un oui, qui n'engage à rien, puis, de marmotter entre vos dents un *Confiteor*, et après tout cela de retourner vous mettre à table pour y fêter joyeusement la bienvenue du petit chrétien dont vous venez de ravir l'ame au diable. Mais, le malaisé de l'affaire est de contenter entièrement toutes les petites ambitions, enfin, de faire en sorte que l'on dise : le parrain a fait les choses grandement !

— Permettez-moi, madame, de vous prier de vouloir bien observer qu'il s'agit ici d'un baptême sans cérémonie et que tous grands frais me sont interdits par la famille.

— Oui, sans façon, sans frais, dicton

ordinaire et de rigueur, mais malheur à celui qui s'y laisse prendre, car alors on lui fait payer chère sa bonne foi en la taxant d'avarice ou de manque de savoir vivre.

— Combien alors, madame, je dois me féliciter de m'être informé près de vous, non que mon intention fusse d'épargner les choses, mais il eut été possible que par ignorance je blessasse les convenances.

— Disposez-vous donc, dès ce jour, à vous munir d'une assez grande quantité de dragées, pour les répandre et faire en sorte d'en rassasier parens, amis, connaissances, sans oublier la part des oisifs et enfans du pays. Secondement, faites emplète d'une corbeille pour votre commère, qu'elle soit garnie de parfums, de bouquets, de gants et autres objets que vous inspirera la galanterie; plus, sachez que la mère du nouveau-né a droit aussi à votre hommage, qu'il lui est même permis d'accepter un présent comme gage et souvenir de l'alliance contractée entre vous. Quant à votre filleule, il vous est même permis de répandre sur elle les preuves de votre munificence, libre à vous là-dessus d'en agir selon votre volonté.

— Est-ce tout, madame ?

— Mais je crois que oui, du moment que vous aurez satisfait la cupidité des gens d'église, celle de la sage-femme, de la garde de l'accouchée, de la nourrice et des valets de la maison.

— Fort bien! il ne me reste plus maintenant qu'à m'occuper des emplettes nécessaires et ce n'est pas ce qui m'embarrasse le moins.

— Je crois deviner qu'un peu d'aide de notre part ne vous serait pas nuisible, dit en riant madame Millet.

— On ne peut davantage utile, madame, mais je crains...

— Osez, monsieur, et disposez-vous à nous conduire à Paris d'ici deux heures.

— Daignerez-vous, madame, m'admettre de la partie ? s'informe Henri.

— Quelle demande! pouvez-vous en douter? répond madame Millet.

Puis se tournant vers Sylvie :

— Va te disposer, mon enfant.

Quelques heures, et la calèche de la veille emporte vers Paris nos quatre personnages. C'est rue Vivienne et à la porte d'un célèbre confiseur qu'elle va s'arrêter. Là, achat de force bonbonnerie, sucrerie, plus une jolie galanterie offerte à la grand'maman, ainsi qu'à sa jeune fille, par nos aimables jeunes gens, petits présens acceptés de bonne grâce, à titre d'amitié, de la part des deux dames. Du magasin de bonbons, on se rend chez un orfèvre, afin de faire emplette de diverses pièces de bon goût destinées à la mère de l'enfant, ainsi qu'à madame Boneau; puis ensuite le magasin du parfumeur, où se fait le choix d'une gracieuse corbeille en satin rose, dont on garnit l'intérieur d'objets de parure et de toilette; le tout destiné à la marraine. Les emplettes sont terminées; quant au cadeau de l'enfant, Max se propose de placer sur la tête du petit être une somme à l'Assurance sur la Vie, et comme cette chose exige des formalités, c'est à quelques jours plus tard qu'il remet cette démarche. Les deux amis proposent de terminer la journée à Paris, et l'Opéra pour la soirée. Mais madame Millet refuse; elle désire retourner tout de suite à Ville-d'Avray, où une affaire importante, une visite qu'elle attend, réclament sa présence et celle de Sylvie.

— A Ville-d'Avray donc !

Et la voiture d'en reprendre la route. Au retour, la grand'mère s'excuse près des jeunes gens de ne point les retenir près d'elle le reste de cette journée, en promettant de leur consacrer celle du lendemain tout entière; puis elle se retire avec Sylvie, après avoir conseillé à Max d'envoyer aussitôt les emplettes au domicile de la marraine.

— Deux lettres pour vous, messieurs, dit Pitou rejoignant les deux amis au pavillon où ils viennent de se rendre.

— C'est bien, Pitou, maintenant allez, sans rien oublier, prendre ce qui est dans la calèche, et portez le tout, de ma part, chez M. Boneau, le receveur des contributions.

Le jardinier partit pour exécuter cet ordre.

— Quelles sont ces deux lettres ? demande Max à Henri.

— De mon père, et l'autre de ma sœur Fanny, toutes deux en réponse à celles que nous avons écrites.

— Que dit celle de ton père ?

— Que notre lettre, soi-disant écrite de Paris et jetée à la poste de Saint-Cloud, ayant éveillé ses soupçons, qu'avant de nous répondre et de nous envoyer les secours demandés, il a voulu faire prendre des observations sur notre désastre et notre dénument par un de ses amis de Paris, dont la réponse lui a dévoilé nos impostures; quant au reste, force morale, refus d'argent, et ordre de regagner au plus tôt le toit paternel, dit Henri en passant la lettre à Max.

— Voyons celle de ta sœur.

— Pauvre Fanny! elle me prévient qu'elle

va tout employer pour fléchir la colère de notre père ainsi que celle de ta mère, non moins mécontente aussi de son cher fils. Enfin, la bonne petite, apprenant que nous avons besoin d'argent, nous envoie en cachette ses économies de jeune fille, en un mandat de 135 francs que voici sous ce pli, en s'excusant de ne pouvoir faire davantage.

— Ce cher ange! se priver de son petit avoir en notre faveur, s'écrie Max.

— Il faut lui renvoyer cet argent, dit Henri.

— En doubler la somme, y ajouter un joli présent, propose Max.

— Soit! répond Henri.

— Ha ça! comptes-tu obéir au papa et rejoindre son aile paternelle?

— Plus souvent! m'éloigner de ma Sylvie, plutôt mourir!

— C'est juste! et tant qu'il nous restera un sou, je ne vois pas pourquoi nous irions nous mettre à la charge de ces bons parens, dit Max.

— Comme tu dis, d'ailleurs ne sommes-nous pas en bon chemin de fortune ?

— Et de plaisir.

— Dis-donc, Max, si nous envoyons un présent à nos familles, quelque chose de riche ?

— C'est cela, trahir notre opulence, monter la tête à ces bonnes gens, et les faire accourir vers nous tout palpitans.

— Tu as raison, ils s'imagineraient que nous avons dévalisé la Banque de France, ou déterré un trésor; le plus prudent, je pense, est de les tranquilliser sur notre sort, en oubliant de leur donner notre adresse.

— Parfaitement raisonner! répond Max.

Quelques instans d'entretien encore, et les amis se séparent, Max pour se rendre chez M. Boneau, qu'il trouve le visage tout barbouillé de poudre et occupé à la confection de son feu d'artifice. Quant à Henri, inquiet sur la visite attendue dans la soirée par madame Millet, il a préféré demeurer au logis, afin d'épier le visiteur, et dans l'espoir d'une rencontre au jardin avec la grand'mère et la jeune fille.

Il est dix heures du soir, Max n'est point encore rentré, Henri n'a pas aperçu les deux dames depuis leur retour de Paris; cependant, il n'a point perdu de vue le jardin, la fenêtre de Sylvie, et sa flûte, signal ordinaire d'appel, a retenti vainement sous le dôme feuillé du berceau de chèvrefeuille.

Où donc est-il en ce moment cet amant si tendre? Dans la cour de la maison, caché derrière la caisse de l'oranger. Qu'y fait-il? Il guette encore une fois le départ de l'inconnu au riche équipage, qu'il sait être chez madame Millet depuis le commencement de la soirée. Que cet homme inquiète donc le pauvre Henri, et qu'il donnerait de choses pour connaître le lien qui l'attache à ces femmes, et ce qui lui vaut les caresses de Sylvie. Un mouvement dans la cour. Attention! c'est l'inconnu qui va paraître. Le voilà, Sylvie est appuyée sur son bras ainsi que la première fois ; il l'embrasse, elle lui baise la main en retour de cette caresse. L'heureux mortel !

— Réfléchissez, mon amie, à ce que je viens de vous expliquer ; songez que c'est de son avenir dont il s'agit, disait l'inconnu à la grand-mère placée à sa droite.

— Ai-je besoin de réfléchir long-temps pour consentir et approuver vos sages volontés, pressez donc l'exécution de ce projet auquel je donne mon adhésion.

— Mais de quoi s'agit-il, est-ce de moi, pourquoi ne pas m'instruire ? fait entendre Sylvie.

— Dans quelques jours, ma chère enfant, qu'il te suffise de savoir en ce moment que nous ne voulons que ton bonheur. Adieu, adieu, Sylvie.

Et disant ainsi, l'inconnu embrassait de nouveau la jeune fille.

Il monte en voiture, il s'éloigne, chacun rentre chez soi, la cour devient obscure et silencieuse, Henri regagne le jardin, et près de la statue de Diane, va se mettre en observation, les yeux fixés sur la croisée de Sylvie.

Deux heures d'attente, puis la lumière paraît dans la chambre, quelques instans encore et elle s'éteint. Heureux signal pour l'amant qui se dirige alors vers la porte du petit escalier, puis se faufilant le long d'une charmille, il sent avec surprise une main le retenir par son habit.

— Toi, Sylvie! à cette heure, dans ce jardin?

— Oui, monsieur, moi-même qui préfère y passer la nuit près de vous, plutôt que de vous recevoir dans ma chambre.

— Pourquoi? on y est si bien, tandis qu'ici l'air est froid, humide.

— Oh! n'importe, avec vous, je m'y trouve on ne peut mieux, et j'aime tant à respirer le grand air.

Alors, Henri s'efforce de faire changer d'avis à la jeune fille, sans pouvoir y parvenir.

— Restons donc, cruelle, puisqu'il est

impossible de te fléchir; mais au moins, allons sous le berceau.

Sylvie refuse encore, et indique un banc voisin de la maison, masqué par des touffes de lilas. Ils vont s'y asseoir; là, Henri prend dans les siennes les mains de son amie, qu'il contemple avec ravissement, demande un baiser, en obtient deux qu'il rend avec usure.

— Sylvie, je désirerais, ma douce amie, être le seul au monde à qui tu accorde une si précieuse faveur.

— Vos désirs sont accomplis alors, monsieur, car je n'embrasse que vous.

— Menteuse! et le visiteur de ce soir.

— Quoi! vous savez? oh! celui-là aussi.

— Mais à quel titre obtient-il des caresses dont je suis jaloux?

— Parce qu'il m'aime, que je l'aime aussi.

— Est-il ton parent, un ancien ami de ta famille?

— Oui, un ancien ami, répond avec embarras la jolie fille.

— Entre lui et ta mère, il y a un secret qui concerne ton avenir, ton bonheur....

— Que c'est mal à vous, Henri, d'écouter ainsi aux portes; en tout cas, moi qui ne suis pas aussi indiscrète que vous, je serai fort embarrassée de vous expliquer de quoi il est question, car lors de l'entretien de de cette personne avec grand'maman, j'étais consignée dans le petit salon de musique.

— Peut-être s'agit-il pour toi d'un mariage? soupire Henri.

— Bah! ils sont loin de penser à cela, répond Sylvie avec insouciance.

— Sylvie, ne m'aimes-tu donc assez pour ne plus avoir de secret pour moi.

— Je vous aime de tout mon cœur, mais je vous préfère l'honneur qui me défend de trahir un secret confié à ma discrétion.

— Encore une fois, mon amie, ton silence peut nous devenir fatal.

— Non, n'ayez nulle crainte, et ne m'interrogez plus.

— Au nom du ciel, Sylvie! quel est cet homme.

— Je vous l'ai dit, un ami de ma grand'-maman.

— Son nom, son rang, le lieu qu'il habite?

— Voilà ce que je ne puis vous dire.

— Sylvie, il le faut cependant.

— Adieu, monsieur, prononce froidement Sylvie en se levant subitement.

— Reste, de grâce! s'écrie Henri en la retenant.

— Volontiers, mais plus de demande indiscrète, ou je m'éloigne pour toujours.

— Cruelle!

— Méchant! curieux! fait la jeune fille en posant sa belle main sur la bouche de l'amant.

De là, mille baisers sur des doigts charmans, puis sur un bras potelé, une bouche rosée, puis des sermens, des projets de bonheur et d'union, tout cela entrecoupé de soupirs d'amour; puis des bras qui compriment une taille svelte et gracieuse, puis la jolie fille qui, serrée ainsi, passe de la place qu'elle occupe sur les genoux de Henri, qui, maître de tant de charmes, les presse sur son sein, les caresse, les inonde de brûlans baisers qui lui font perdre la tête et le rendent audacieux; alors, une jeune fille qui lutte, supplie, demande grâce, mais en vain; car l'amant, dans le délire, n'écoute ni n'entend. Va-t-elle donc succomber? Non, car la pudeur vient de doubler ses forces, elle s'échappe, elle fuit à travers les arbres, Henri la poursuit, l'appelle, jure d'être plus sage. Rien! elle continue sa course, atteint la porte, et la referme sur elle, après s'être glissée dans la maison.

Henri, resté seul, se désespère alors et maudit sa faute. Vainement se tient-il sous la fenêtre, Sylvie n'y paraît pas. Ah! s'il avait l'échelle pour s'élever jusqu'à cette croisée. Il cherche, et ne la trouve pas; que faire donc? comment exprimer ses regrets, implorer un pardon, faire entendre le serment d'une sagesse exemplaire?

Nul moyen, il faut y renoncer. Alors Henri se jette sur l'herbe, pleure sa faute; puis le jour venant à paraître, le jeune homme, la mort dans le cœur, regagne tristement le pavillon.

XII.

LE BAPTÊME ET LE FEU D'ARTIFICE.

Il est trois heures de l'après-midi. Les cloches de l'église de Ville-d'Avray se balancent dans l'air, et leur son bruyant retentit dans toute la commune. Deux riches calèches traversent en ce moment le village ; elles s'arrêtent devant le portail du saint lieu. Curé, enfans de chœur, bedeau et suisse, viennent en pompe, la croix en tête, au-devant du nouveau-né, qu'en cet instant une nombreuse société accompagne et présente au baptême. La cérémonie commence, Max, l'heureux parrain, remarque avec humeur que le curé ne quitte pas les yeux de dessus la coquette marraine. Au fait! elle est si jolie, habillée ainsi, qui ne la regarderait avec amour et envie? Voilà qui est terminé, une boîte de dragées, un Napoléon d'or, que lui présentent le parrain et la marraine, font sourire le curé. On remonte dans la voiture, qu'entourent en ce moment les trois quarts des habitans du village, qui tous réclament leur part de la fête. C'est alors que, lancée de l'intérieur de la calèche, une grêle de dragées va couvrir la terre, que les cris de joie retentissent, que la foule se culbute, se renverse, s'écrase, que les enfans pleurent, que les femmes crient : n'importe! Max n'en continue pas moins son train, jetant à droite, jetant à gauche, poursuivis par un nombreux cortége, les voitures arrivent à la porte de M. Boneau. Heureusement! car de cinquante livres de dragées à peine en restait-il six livres, qu'en quittant la rue, pour entrer dans la maison, Max fait lancer à l'avide populace.

La demeure du receveur des contributions respire un air de fête; partout des préparatifs pour la soirée ; sur le gazon du jardin, le feu d'artifice auquel M. Boneau met en ce moment la dernière main, puis, d'arbre en arbre, des guirlandes de verres de couleur. Au fond de la pelouse, un énorme rocher en toile peinte, figurant le mont Vésuve, dont l'éruption sera représentée par grand nombre de fusées, déjà placées à l'extrémité de la pointe du volcan. Le salon est encombré de fleurs et paré de guirlandes qui, par leurs contours, forment le chiffre du parrain et de la marraine, une M et une R entrelacées. Dans la salle à manger a été dressé un couvert de trente personnes.

Aussitôt le retour ont été distribuées les

boîtes de dragées fines, les petits présens d'une forte valeur ; alors toute la société ouvre de grands yeux, félicite le parrain sur son bon goût, s'écrie sur sa générosité. Puis M. et madame Bichet qui manquent de se pâmer d'aise à la vue d'un charmant déjeûner en vermeil, d'un travail exquis, qu'ils viennent de recevoir des mains du jeune parrain, ce qui n'empêche pas la dame de jeter un regard de convoitise sur la riche corbeille de la marraine.

— C'est égal ! il y a toujours quelque chose à gagner avec les gens riches, murmure le faïencier. Maintenant, autour de madame Millet et de sa jolie fille qui, envieuses de reconnaître le bon accueil que leur fait la famille, offrent au nouveau-né un élégant berceau d'une forme des plus gracieuses et garni de rideaux de soie verte, joli présent dont, le matin même, et en secret, les deux dames étaient allées faire emplette à Paris. Vient à sonner l'heure de se mettre à table, c'est-à-dire la sixième du soir, alors les portes de la salle à manger s'ouvrent et tous les convives, la joie sur le front et la langue sur le bord des lèvres, prennent place au festin. Grande abondance de mets, vins exquis, mais société assommante, un composé de personnages sans esprit et d'une gaîté bruyante, ce dont s'aperçoivent peu mesdames Millet et Rose, toutes deux placées près de Max, dont les propos aussi gais que spirituels empêchent l'ennui de les atteindre. Quant à Henri, loin de la grande maman, libre d'entretenir sa Sylvie, placée à ses côtés, il serait le plus heureux des hommes, si en ce moment il n'en était le plus affligé. Pourquoi? Parce que la jolie fille daigne à peine le regarder et lui répondre, parce qu'elle le boude depuis le matin et lui conserve rancune de sa conduite de la nuit dernière. En vain le jeune homme a-t-il profité de tous les instans propices qui se sont présentés dans le cours de cette journée pour implorer un pardon généreux et promettre à l'avenir une conduite plus sage. Vains efforts! Sylvie est restée muette et sourde. En vain, à table en ce moment, murmure-t-il encore la prière et les sermens, nulle réponse, la jeune fille détourne la tête et ne semble occupée qu'à écouter M. Boneau, qui, placé à sa droite, lui fait un long panégyrique de son feu d'artifice. Le dessert! on crie, on chante, on boit à la santé de la filleule, à celle de toute la société. Henri soupire sur la rigueur de son amie, M. Boneau sur la longueur du jour, dont la lumière retarde l'éclat de ses fusées. Madame Bichet, à table près de son petit cousin, s'échappe avec lui pour aller, disent-ils, embrasser le nouveau-né; M. Bichet, plus d'à moitié gris, bavarde porcelaine et terre de pipe avec son voisin le droguiste de la rue des Lombards: Madame Vignoux, conviée à la fête, les yeux brillans et hors de tête, quitte aussi sa place pour aller frapper rudement sur l'épaule de M. Boneau et lui offrir de l'aider à allumer ses lampions, ce qu'accepte aussitôt le petit homme d'un air joyeux, et le fait sortir avec la grosse dame. Encore quelques instans, puis on quitte la salle du banquet pour passer au salon, y prendre le café; mais on attend pour cela M. Boneau et madame Vignoux. Où sont-ils donc ? Partis depuis une heure pour illuminer. Max, désireux de prendre l'air un instant, quitte le salon pour courir à la recherche du receveur. Le jardin, une avenue obscure, un soupir.

— Ah ! un baiser, écoutons... Bien, c'est le cousin et madame Bichet; ne dérangeons personne, se dit le jeune homme en s'éloignant doucement du feuillé où se passaient ces choses, et se dirigeant vers l'autre extrémité du jardin.

— Quoi ! là aussi, voyons. Et Max, de s'embarrasser les pieds dans deux paires de jambes et de tomber à plat sur deux êtres vivans qui, effrayés, poussent un cri d'effroi.

— Restez, ne bougez pas, bien des excuses de mon indiscrétion, dit Max se relevant aussitôt et s'éloignant ensuite du receveur et de sa grosse amante. Le jeune homme regagne donc la maison, traverse un couloir; dans ce couloir se trouve une chambre, et dans cette chambre une jolie femme nommée Rose, qui venait là quérir sucre et liqueurs sans nulles autres intentions. Max entre alors, ferme portes et verroux, et puis et puis.... Au salon, autres aventures : le nouveau-né, apporté et livré à l'admiration générale, s'est permis de remplir le pantalon de basin blanc de son cher petit papa Bichet de certaine matière dont l'odeur a contraint Henri et Sylvie d'aller sur le balcon respirer un air moins fétide. Or donc! sur ce balcon un jeune homme qui se repent, supplie, conjure; une jolie fille qui pleure, reproche, refuse d'absoudre, mais qui abandonne ensuite sa main sur laquelle tombent mille caresses.

— Oh! vous m'avez rendu si malheureuse depuis hier, que je devrais vous haïr, ne plus vous revoir jamais... Vous êtes donc bien repentant? Vous ne me ferez plus de chagrin, bien sûr?

— Jamais! jamais!

— A la bonne heure! Je vous pardonne, monsieur. Alors, un, deux, trois, six, vingt baisers sur la bouche, le visage, etc. ; puis du bruit, quelqu'un qui s'avance vers la fenêtre et les deux amans de s'éloigner l'un de l'autre, de s'entretenir de la pureté du ciel. C'est un monsieur de la société, grand amateur de café, qui, impatienté d'attendre, vient à la fenêtre appeler M. Boneau:

— Me voilà! dans un instant, s'écrie au loin le receveur. Puis un lampion de s'allumer sur le coup, puis deux, puis beaucoup d'autres, enfin le jardin qui s'illumine et, ces feux répétés, de montrer madame Vignoux grimpée sur une échelle, la bougie en main, occupée d'allumer les verres de couleur. Alors la compagnie agissant sans plus de façon, se décide à prendre le moka sans le maître de la maison, puis de se disperser sur la pelouse du jardin.

— Femme étonnante ! d'une hardiesse extrême ! s'écriaient plusieurs courteaux en voyant madame Vignoux montée au faîte de l'échelle double, et s'occupant d'allumer avec ardeur.

— Madame Vignoux ! prenez garde, avec votre bougie, de mettre le feu aux ficelles qui tiennent le Vésuve en équilibre ; vous feriez partir l'éruption avant le temps ! criait de loin M. Boncau, occupé à clouer un soleil après une perche.

— Ne craignez rien ! et s'étant retournée pour répondre ainsi, la grosse femme perd l'équilibre et tombe. Mais heureusement que, dans la chute, ses jupons se sont accrochés à l'échelle. C'est donc, le corsage et la tête enveloppée dans une espèce de sac, et les jambes, le corps nus, que la grosse maman reste ainsi suspendue, montrant aux spectateurs de si singuliers et difformes objets, que la plus part, en les apercevant, tombaient à la renverse. L'infortunée et chaste femme, en cette critique position, hurlait donc de toute sa force. Alors, on court à elle; une dame pudique s'empresse d'envelopper de son châle les charmes de la victime et de les soustraire à tout regard masculin, tandis que M. Boneau, hors de lui, aidé d'un des convives, s'empresse de renverser doucement l'échelle et de décrocher les jupes.

— Pif! pan! pan! zi, zi, zi!

— Qu'est-ce que cela? Le feu d'artifice qui part sans commandement, Madame Vignoux qui, dans sa chute, a mis le feu à la ficelle, la ficelle qui a brûlé sans qu'on s'en aperçoive, le feu qui a gagné le cratère et enflammé les fusées. Mieux encore, l'incendie qui a franchi les cordes qui retenaient le volcan, lequel ébranlé par la force de l'éruption, tombe à plat sur la pelouse, les fusées qui vomissent le feu et la flamme dans les jambes de la foule épouvantée. Embrasement général de toutes les pièces disposées sur la pelouse, effroi, désordre, se sauve qui peut! le feu qui s'attache aux robes, les cris des femmes, les hommes qui courent à elles, les pressent, les compriment pour éteindre les flammes, puis l'artifice qui cesse et l'enquête qui commence. Plus de peur que de mal, les mains et les jupes ont seules souffert. Chacun, du reste, est au grand complet et répond à l'appel. Mais non, il manque quelqu'un, qui donc?

— Le malencontreux artificier. On le cherche, on le découvre où? Sous les ruines du Vésuve, les cheveux, les sourcils brûlés et respirant à peine. Quelques secours, puis il renaît, se redresse, se désole de la perte de sa chevelure, à l'idée de porter perruque. La joie renaît sur tous les visages, on rit de l'accident, Max et Henri offrent de faire danser. On accepte, on rentre au salon. Les deux amis prennent leurs instrumens et le bal commence pour ne se terminer qu'à trois heures du matin.

FIN DU PREMIER VOLUME.

Fontainebleau, Imp. de E. Jacquin.

On ne reçoit que les lettres affranchies, et l'on n'expédie que contre un Mandat sur la Poste.

CH. LACHAPELLE, ÉDITEUR,
RUE SAINT-JACQUES, N. 38, A PARIS.

BIBLIOTHÈQUE
DES ROMANCIERS LES PLUS POPULAIRES,
DONT LA COLLECTION EST INDISPENSABLE
A TOUS LES CABINETS DE LECTURE.

TROIS FRANCS
LE VOLUME IN-OCTAVO,
UN FRANC LE VOLUME IN-12.
6 POUR 100 POUR LE COMPTANT.

AVIS IMPORTANT.

Pour jouir des conditions annoncées ci-dessus, il n'est pas essentiel que Messieurs les Libraires de province s'adressent directement à ma maison, Messieurs leurs commissionnaires pouvant leur fournir leur demande aux mêmes prix que moi : mes bonnes relations avec la plupart de ces messieurs et la légère remise que je leur fais, font qu'ils ne refuseront pas à leurs correspondans aucune des commissions qui leur seront demandées. Aucun des romans que j'annonce n'étant épuisés, il n'y aurait que les mauvaises maisons à qui je ne fais pas de faveur qui refuseraient d'expédier.

AUGUSTE RICARD.

MA PETITE SŒUR, 2 vol: in-8. 6 f.

La Statue de la Vierce, 2 vol. in 8. 6 f.

Les Vieux Péchés, par A. Ricard et Maximilien Perrin, 2 vol. in-8. 6 f.

La Chaussée d'Antin, histoire du marquis de Sainte-Suzanne, 2 vol. in 8. 6 f.

Ni l'Un ni l'Autre, 2 vol. in-8. 6 f.

Jadis et Aujourd'hui, par A. Ricard et le baron de Bilderbeck, 2 v. in 8. 6 f.

MAXIMILIEN PERRIN.

La Grande Dame et la Jeune Fille, 2 v. in 8. 6 f.

Les Mauvaises Têtes, 2 v. in 8. 6 f.

La Fille de l'Invalide, 2 v. in 8. 6 f.

L'Amour et la Faim, 2 v. in 8. 6 f.

La Demoiselle de la Grande Confrèrie, 2 v. in-8. 6 f.

L'Amant de ma Femme, 2 v. in-8. 6 f.

La Servante Maitresse, 2 v. in-8. 6 f.

Le Mari de la Comédienne, 3 v. 6 f.

Ma Vieille Tante, 2 v. in 8. 6 f.

E.-L. GUÉRIN.

Le Roi des Halles, chronique du Palais-Royal, 2 v. 6 f.

Les Dames de la Cour, chroniques galantes. 2 v. 6 f.

La princesse Lamballe et madame de Polignac, chroniques galantes. 2 v. 6 f.

Madame de Parabère, chroniques du Palais-Royal, 2 v. in-8. 6 fr.

Une Dame de l'Opéra, chronique galante, 2 v. in 8. 6 f.

Marquis de Brunoy (le), chronique galante. 1 vol. in-8. 6 f.

Modiste (la) et le Carabin, roman de mœurs. 2 v. in-8. 6 f.

Fleuriste (la), roman de mœurs. 2 v. in-8. 6 f.

Sergent de Ville (le), roman de mœurs. 2 v. in-8. 6 f.

Testament d'un Gueux (le), roman de mœurs. 2 v. in-8. 6 f.

Une Actrice, roman de mœurs. 2 v. in-8. 6 f.

Maitresse de mon Fils (la), roman de mœurs. 2 v. in-8. 6 f.

Magdeleine la Repentie ou la fille du capitaine, roman de mœurs. 2 v. in-8. 6 f.

Loge (la) et le Salon, roman de mœurs, en société avec le baron de Bilderbeck. 2 v. 6 f.

Le Baron de LAMOTHE-LANGON.

Reine et Soldat, roman historique. 2 v. 6 f.

Roi et Grisette, roman historique, 2 v. in-8. 6 f.

Bonaparte et le Doge, roman historique. 2 v. in-8. 6 f.

Cagliostro, roman historique, 2 v. in-8. 6 f.

Mademoiselle de Rohan, roman historique. 2 v. in-8. 6 f.

Monsieur et Madame, roman intime. 2 v. in-8. 6 f.

L'auditeur au Conseil d'État, roman intime. 2 v. in-8. 6 f.

Cloche du Trépasssé, roman mystérieux. 2 v. in-8. 6 f.

Nièce du Curé (la), roman intime. 2 v. in-8. 6 f.

l'Espion Russe ou la société parisienne en 1830. 2 v. in-8. 6 f.

TOUCHARD-LAFOSSE.

Les Réverbères, chroniques de nuit du vieux et du nouveau Paris. 6 v. 18 f.
    les tomes 3 et 4. 6 f.
    les tomes 5 et 6. 6 f.

Chroniques des Tuileries et du Luxembourg, physiologie des Cours modernes, pouvant faire suite aux Chroniques de l'Œil-de-Bœuf. 6 v. in-8. 18 f.
    les tomes 3 et 4 séparément. 2 v. 6 f.
    les tomes 5 et 6 séparément. 2 v. 6 f.

Le Bosquet de Romainville, roman de mœurs. 2 v. in-8. 6 f.

Les jolies Filles, roman de mœurs. 2 v. 6 f.

Rodolphe ou à moi la fortune. 2 v. in-8. 6 f.

Les amours d'un Poète, roman intime. 2 v. in-8. 6 f.

Deux faces de la Vie, roman intime. 2 v. in-8. 6 f.

Marthe la Livonnienne, roman historique. 2 v. in-8. 6 f.

Le Caporal Verner et le Général Garnison, épisode de l'empire. 2 v. in-8. 6 f.

ROMANS D'AUTEURS DIVERS.

Une Sœur de l'Empereur, histoire de l'Empire. 2 v. in-8. 6 f.

L'Amour d'une Femme, par Charlotte de Sor, auteur des Souvenirs du duc de Vicence. 2 v. in-8. 6 f.

Les memoires de la Mort, par Carle Ledhuy. 4 v. in-8. 12 f.
   les tomes 3 et 4 se vendent séparément 6 f.

Georges de Rosières, roman intime, par Carle Ledhuy. 2 v. in-8. 6 f.

La mort d'un Roi, roman historique, par Dominique Mondo. 2 v. in-8. 6 f.

Secret d'un Prêtre (le), roman intime, par madame Jenny Brennet. 2 v. in-8. 6 f.

Petit et grand Monde (le), par madame Hippolyte Taunay. 2 v. in-8. 6 f.

Comtesse de Lameth ou les assassins de la belle Picarde, par Carle Ledhuy, 2 v. in-8. 6 f.

Rue de la Fidélité (la), par le baron de Bilderbeck. 2 v. in-8. 6 f.

Industriel (l') ou noblesse et roture, par le même. 2 v. in-8. 6 f.

Grille et petite Porte (la), par H. Bonnelier. 2 v. in-8. 6 f.

Bouquet de la Reine (le), roman historique, Par Amédée de Bast. 2 v. in-8. 6 f.

Confessionnal de l'hotel de Sens ou les Pages du roi en 1675, roman historique, par le même. 2 v. in-8. 6 f.

Femme aimable (la), mœurs de théâtre, par Couialhac. 2 v. in-8. 6 f.

ROMANS
format in-12 à 1 franc le volume.

Chaussée d'Antin (la), par A. Ricard, 4 v.

Ni l'Un ni l'Autre, suite de la Chaussée d'Antin, par le même, 4 v.

Les Vieux Pechés, par Ricard et Perrin, 4 v.

Ma Petite Sœur, par A. Ricard, 4 v.

Comme on gate sa Vie, par le même, 5 v.

Voleur et la Grisette (le), par Aycard. 4 v.

Roi (le) et la Grisette, par le baron de Lamothe-Langon, 4 v.

Reine et Soldat, roman historique, par le même. 4 v.

Marquise et Charlatan, roman mystérieux, par le même. 4 v.

Mademoiselle de Rohan, roman historique, par le même. 4 v.

Auditeur (l') au Conseil d'État, roman intime, par le même. 4 v.

Mystères (les) du château de Beauvoir, roman mystérieux, par le même. 4 v.

Diable (le), roman mystérieux, par le même. 4 v.

Fils (un) de l'Empereur, roman historique, par le même. 4 v.

Femme (la) du Banquier, roman intime, par le même. 4 v.

Chancelier (le) et les censeurs, roman historique, par le même. 5 v.

Nièce (la) du Curé, roman historique, par le même. 4 v.

Maitresse (la) de mon fils, roman de mœurs, par E. Guérin. 4 v.

Dame (une) de l'Opéra, histoire galante, par le même. 4 v.

Modiste (la) et le carabin, roman de mœurs, par le même. 4 v.

Imprimeur (l') et sa famille, ou les mauvaises connaissances, par le même. 5 v.

Roi (le) des Halles, chronique galante, par le même. 4 v.

Mari (le) de la Reine, roman historique, par le même. 4 v.

Robert-Macaire et son ami Bertrand, par le même. 4 v.

Amant (l') de ma Femme, roman gai, par Max. Perrin. 4 v.

Mari (le) de la Comédienne, roman gai, par le même. 5 v.

Femme (la) et la Maîtresse, roman gai, par le même. 4 v.

Soirées d'une grisette, roman gai, par le même. 4 v.

Mauvaises (les) Têtes, roman gai, par le même. 4 v.

Fille (la) de l'Invalide, roman gai, par le même. 4 v.

Amour (l') et la Faim, roman gai, par le même. 4 v.

Rodolphe, ou à moi la Fortune, par Touchard-Lafosse. 4 v.

PUDEUR (la) et l'Opéra, roman de mœurs, par le même. 4 v.

CAPORAL (le) VERNER et le général Garnison, par le même. 4 v.

VICTIMES (les) de l'inquisition, ou les crimes d'un moine, roman mystérieux, par Leynadier. 4 v.

BRIGAND (le) des Pyrénées, roman mystérieux, par H. Vallée. 4 v.

DERNIÈRES PUBLICATIONS

format in-8; prix net: cinq francs le vol.

LOUVRE SOUS NOS ROIS (le), chroniques galantes de ce château royal, par E. Guérin. 4 v.

ABBÉ et les Mousquetaires (l'), chronique galante du château de Saint-Germain, par E. Guérin, 2 v. 10 fr.

NUITS de Versailles (les), chroniques galantes, par E. Guérin, 4 v. 20 fr.

SOIRÉES DE TRIANON, suite des nuits de Versailles, par le même. 2 v. 10 fr.

ISABELLE, ou comtesse et femme de chambre, roman de mœurs, par le même. 2 v. 10 fr.

GARDE MUNICIPAL (le), roman de mœurs, par Maximilien Perrin. 2 v. 10 fr.

PILLULES DU DIABLE (les), roman gai, par Maximilien Perrin et le baron de Bilderbeck. 2 v. 10 fr.

Deux Familles (les) ou le château de Saint-Félix, roman par la Mothe-Langon. 2 v. 10 fr.

Madame de Brévannes, Par H. Vallé. 2 v. 10 fr.

Jeune Aveugle (la), vertus du peuple, roman accepté par l'Académie pour le prix Montyon, par madame Hipolyte-Taunay, 2 v. 10 fr.

Aigle (l') et la Colombe, roman précédé d'une introduction littéraire, par le vicomte d'Arlincourt. 2 v. 10 fr.

Deux Sœurs (les), roman intime par madame Junot d'Abrantès. 2 v. 10.

Blanche, roman intime, par la même. 2 v. 10 fr.

Etienne Saulnier, roman historique, par la même. 2 v. 10 fr.

Vallée des Pyrénées (la), roman par la même. 2 v. 10 fr.

Raphael ou le prêtre, roman intime, par le duc d'Abrantès. 2 v. 10 fr.

Vierge et Modiste, roman de mœurs, par Maximilien Perrin. 2 v. 10 fr.

Un service d'Ami, roman de mœurs, par le baron de Bilderbeck. 2 v. 10 fr.

Prière (la) du Soir, par C. Ledhuy, 2 v. 10 fr.

Fontainebleau, imp. de E. Jacquin.

Rabais considérable.

Romans, format in-12; à 1 fr. le volume.

Le Baron Lamothe-Langon.

LA FEMME DU BANQUIER, 4 vol. in 12.	4 f.
LE DIABLE, 5 vol. in-12.	5 f.
UN FILS DE L'EMPEREUR, 5 vol. in-12.	5 f.
LE CHANCELIER ET LES CENSEURS, 5 vol.	5 f.
MONSIEUR ET MADAME, 4 vol.	4 f.
MADEMOISELLE DE ROHAN, 4 vol.	4 f.
L'AUDITEUR AU CONSEIL D'ETAT, 4 vol.	4 f.
LES MYSTÈRES DU CHATEAU DE BEAUVOIR, 4 v.	4 f.
LA NIÈCE DU CURÉ, 4 vol.	4 f.
MARQUISE ET CHARLATAN, 4 vol.	4 f.

E.-L. Guérin

LE MARI DE LA REINE, 4 vol.	4 f.
LE ROI DES HALLES, 4 vol.	4 f.
LA FILLE DU CAPITAINE, 4 vol. in-12.	4 f.
LA MODISTE ET LE CARABIN, 4 vol. in-12.	4 f.
ROBERT MACAIRE et son ami Bertrand, 4 vol.	4 f.
L'IMPRIMEUR ou les mauvais conseils, 5 vol.	5 f.
LA MAITRESSE DE MON FILS, 4 vol.	4 f.

Maximilien Perrin

L'AMANT DE MA FEMME, 5 vol.	5 f.
L'AMOUR ET LA FAIM, 4 vol.	4 f.
LA FILLE DE L'INVALIDE, 4 vol.	4 f.
LES MAUVAISES TÊTES, 4 vol. in 12.	4 f.
LA FEMME ET LA MAITRESSE, 4 vol.	4 f.
LES SOIRÉES D'UNE GRISETTE, 4 vol.	4 f.
LE MARI DE LA COMÉDIENNE, 5 vol.	5 f.

Auguste Ricard.

LA CHAUSSÉE D'ANTIN, 4 vol.	4 f.
MA PETITE SOEUR, 4 vol.	4 f.
NI L'UN NI L'AUTRE, 4 vol.	4 f.
LES VIEUX PÉCHÉS, 6 vol.	6 f.
COMME ON GATE SA VIE, 5 vol.	5 f.

Romans divers.

LA PAUVRE ORPHELINE et le Bourru bienfaisant, par Eugène Sainville, 4 vol.	4 f.
LES MYSTÈRES DE l'HOTEL DE SENS, par Amédée de Bast, 4 vol.	4 f.
LE BOUQUET DE LA REINE, par le même, 4 vol.	4 f.
LE BRIGAND DES PYRENÉES, par H. Vallée, 4 vol.	4 f.

Imprimerie de Pommeret et Guenot, rue et hôtel Mignon, 2.

www.ingramcontent.com/pod-product-compliance
Lightning Source LLC
Chambersburg PA
CBHW052037230426

43671CB00011B/1691